Oración
Un diálogo que cambia Vidas

JOHN WHITE

Certeza Argentina
Buenos Aires 2009

White, John
   Oración: un diálogo que cambia vidas – 3a. ed. – Buenos Aires :
Certeza Argentina, 2009.
   224 p. ; 11x17 cm.

   ISBN: 978-950-683-153-0

   1. Oraciones. I. Título
   CDD 242

Título del original en inglés: *Daring to draw near* © 1977 IVP

© 2009 Ediciones Certeza Argentina, Buenos Aires.

Las citas bíblicas corresponden a la versión *Reina-Valera* 1995.

Traducción: Adriana Powell
Diseño de tapa: Pablo Ortelli
Diagramación: Marcelo Gallardo

Ediciones Certeza Argentina es la casa editorial de la Asociación
Bíblica Universitaria Argentina (ABUA), un encuentro de estudiantes,
profesionales y amigos de distintas iglesias evangélicas que confiesan
a Jesucristo como Señor, y que se han comprometido a ejercer un
testimonio vivo en las universidades del país. Informaciones en:
Bernardo de Irigoyen 654, (C1072AAN) Buenos Aires, Argentina.

Contactos:

Ministerio a universitarios y secundarios: (54 11) 4331-5421
abua@ciudad.com.ar | www.abua.com.ar

Librerías y distribuidora: (54 11) 4331-5630, 4334-8278, 4345-5931.
Argentina: pedidos@certezaargentina.com.ar
Exterior: ventas@certezaargentina.com.ar

Editorial: (54 11) 4331-6651 | certeza@certezaargentina.com.ar
www.certezaargentina.com.ar

Impreso en Colombia. *Printed in Colombia.*

A Scott y Kevin

Contenido

Prefacio

Estudiar y predicar acerca de las oraciones que encontramos en la Biblia me ha sido con frecuencia de gran ayuda. Este libro no trata directamente sobre el tema de la oración; en cambio, se ocupa de diez plegarias específicas que están registradas en la Biblia. Preferí enfocarlo así porque ya existen demasiados libros sobre la oración, y especialmente sobre cómo orar. Lo que nos ha faltado es aquello que podríamos aprender escuchando como 'a hurtadillas' algunas de las oraciones más significativas en la historia de la humanidad. Fueron registradas para nuestro beneficio, y me pareció que estábamos pasándolas por alto.

Siempre fui consciente de que un libro acerca de las oraciones que se registran en la Biblia sería diferente de un libro sobre la oración, pero no había llegado a advertir cuán profunda podía ser la diferencia. Cuando empecé a escribir, daba por sentado que al prestar atención a esas oraciones aprendería sobre la oración. Y así fue. Pero en realidad he aprendido mucho más que eso.

Si usted quiere aprender algo sobre ventanas, por ejemplo, haría bien en mirar unas cuantas ventanas. El problema es que no solo mirará las ventanas, sino que mirará también a través de ellas. Y si su curiosidad se parece un poco a la mía, a veces las ventanas le pasarán desapercibidas.

Las oraciones en la Biblia son algo así. Lo que importa realmente es lo que se ve a través de ellas. Son algo así como ventanas a la eternidad, por las que podemos percibir profundas cuestiones relativas a la vida y a la muerte. Muy pronto usted olvidará que está tratando con la oración en sí misma, porque estará totalmente asombrado por lo que ve a través de ella. Mientras escribía, de vez en cuando debía dar unos golpecitos en el paño de la ventana para no olvidarme de lo que estaba haciendo.

Fue difícil decidir qué oraciones incluir y cuáles dejar fuera de este libro. Hubiera sido imposible (o al menos sería un enorme esfuerzo) incluir todos los salmos, por ejemplo. Lo que hice fue tratar de seleccionar aquellas oraciones en las que sabemos algo respecto a la persona que las pronunció, y las circunstancias que la llevaron a hacerlo.

He omitido algunas oraciones destacadas. Por diversas razones, he dejado de lado el Padre Nuestro (se han escrito incontables libros sobre esta oración de Jesús; por otro lado, no es una oración que haya nacido del conflicto personal del Señor). También omití su oración sacerdotal de Juan 17, para la que no me sentía capacitado. Dejé fuera la oración de Nehemías, una oración muy querida para mí, porque es mi esperanza dedicarle un libro completo. De todos modos, la oración de Daniel, que sí está incluida, cubre buena parte del mismo terreno.

Por otro lado, decidí incluir algunos aspectos que raramente se considerarían apropiados para un libro sobre la oración. La danza, ¿no es a veces una oración? David danzó delante del Señor, y muchas personas lo hacen hoy en día también. Por lo tanto, he ampliado la definición de oración, excediendo lo que algunas personas considerarían correcto, y considerándola desde la perspectiva más amplia de la interacción entre Dios y el ser humano.

En este sentido, lo mismo que en el enfoque más restringido del término oración, la lección más importante que me ha quedado es que la oración empieza y termina con Dios. Este es el énfasis de los capítulos iniciales, y confío que sea también la idea que da unidad al libro. La aventura de preparar este libro ha sido para mí una oportunidad de percibir más profundamente quién es Dios y cómo es él. Si usted puede beneficiarse al leerlo de la misma forma en que yo me beneficié al escribirlo, ambos habremos sido bendecidos.

Abraham

✦ ATRÉVETE A ✦
CONFIAR EN DIOS

*D*espués le preguntaron: '¿Dónde está Sara, tu mujer?' Él respondió: 'Aquí, en la tienda.'
Entonces dijo: 'De cierto volveré a ti el próximo año, y para entonces Sara, tu mujer, tendrá un hijo.' Sara escuchaba a la puerta de la tienda, que estaba detrás de él. Abraham y Sara eran viejos, de edad avanzada, y a Sara ya le había cesado el período de las mujeres. Y se rió Sara para sus adentros, pensando: '¿Después que he envejecido tendré deleite, siendo también mi señor ya viejo?' Entonces Jehová dijo a Abraham: «¿Por qué se ha reído Sara diciendo: 'Será cierto que he de dar a luz siendo ya vieja'? ¿Acaso hay alguna cosa difícil para Dios? Al tiempo señalado volveré a ti, y para entonces Sara tendrá un hijo.» Entonces Sara tuvo miedo y negó, diciendo: 'No me reí.' Y él dijo: 'No es así, sino que te has reído.'

Los varones se levantaron de allí y miraron hacia Sodoma, y Abraham iba con ellos, acompañándolos. Jehová dijo: '¿Encubriré yo a Abraham lo que voy a hacer, habiendo de ser Abraham una nación grande y fuerte y habiendo de ser benditas en él todas las naciones de la tierra?, pues yo sé que mandará a sus hijos, y a su casa después de sí, que guarden el camino de Jehová haciendo justicia y juicio, para que haga venir Jehová sobre Abraham lo que ha hablado acerca de él.' Entonces Jehová le dijo: 'Por cuanto el clamor contra Sodoma y Gomorra aumenta más y más y su pecado se ha agravado en extremo, descenderé ahora y veré si han consumado su obra según el clamor que ha llegado hasta mí; y si no, lo sabré.' Se apartaron de allí los varones y fueron hacia Sodoma; pero Abraham permaneció delante de Jehová. Se acercó Abraham y le dijo: '¿Destruirás también al justo con el impío? Quizá haya cincuenta justos dentro de la ciudad: ¿destruirás y no perdonarás

*a aquel lugar por amor a los cincuenta justos que estén
dentro de él? Lejos de ti el hacerlo así, que hagas morir al
justo con el impío y que el justo sea tratado como el impío. ¡Nunca tal hagas! El Juez de toda la tierra, ¿no ha
de hacer lo que es justo?' Entonces respondió Jehová: 'Si
encuentro en Sodoma cincuenta justos dentro de la ciudad,
perdonaré a todo este lugar por amor a ellos.'*

*Abraham replicó y dijo: 'Te ruego, mi Señor, que me
escuches, aunque soy polvo y ceniza. Quizá falten de cincuenta justos cinco: ¿destruirás por aquellos cinco toda la
ciudad?' Jehová respondió: 'No la destruiré, si encuentro
allí cuarenta y cinco.' Volvió a hablarle Abraham: 'Quizá
se encuentren allí cuarenta'. 'No lo haré, por amor a los
cuarenta' dijo Jehová. Abraham volvió a suplicar: 'No se
enoje ahora mi Señor si le digo: quizá se encuentren allí
treinta'. 'No lo haré si encuentro allí treinta', respondió
Jehová. Abraham insistió: 'Soy muy atrevido al hablar así
a mi Señor, pero quizá se encuentren allí veinte'. 'No la destruiré', respondió, 'por amor a los veinte'. Volvió Abraham
a decir: 'No se enoje ahora mi Señor; solo hablaré esta vez:
quizá se encuentren allí diez.' 'No la destruiré', respondió
Jehová, 'por amor a los diez.' Luego que acabó de hablar
a Abraham, Jehová se fue y Abraham volvió a su lugar.*

Génesis 18.9–33

Dios, ¿eres realmente así?

A diferencia de muchos de nosotros, Abraham no tenía ningún problema para entrar en contacto con Dios. Ni siquiera tenía que proponérselo: a lo largo de toda su vida, fue Dios quien tomó contacto con Abraham.

No siempre se nos explica exactamente cómo lo hacía. A menudo leemos: 'El Señor le dijo a Abraham …' sin más explicación acerca de si Dios le habló en voz audible o en el silencio del corazón. Una vez Dios le habló en una visión (Génesis 15.1); otra vez se le 'apareció' (Génesis 17.1). La esencia que debemos captar es que cada vez que se menciona la comunión entre ambos, es Dios quien toma la iniciativa. Dios hablaba y Abraham respondía. La vida de oración siempre resultará más fácil de esa manera.

¿Por qué no habría de ser así? Pensamos que orar es hablar, y sin duda implica hablar. Sin embargo, la calidad de una conversación bien puede estar determinada por la persona que la inicia. De hecho, nuestra reacción a una conversación a menudo depende de quién la inició. Cuando estamos entre extraños, es muy reconfortante que alguien nos salude y se muestre amigable. Quizás nos resulta difícil empezar una charla, y se nos hace doblemente difícil si chocamos con una expresión de desinterés de parte del otro.

Dios siempre nos está hablando, pero escuchar su voz no siempre constituye una experiencia mística. Consiste simplemente en una disposición a obedecer al Dios que reclama la soberanía en nuestra vida. Como Hallesby señaló en cierta ocasión, 'es dejar que Jesús entre en nuestro corazón'. En el Nuevo Testamento la palabra oír no siempre se refiere a una experiencia auditiva. Con más frecuencia, significa 'obedecer'. Como dice un refrán, 'no hay peor sordo que el que no quiere oír'.

Abraham no era alguien especial en este sentido; Dios se acerca a todos nosotros. Escucharlo no requiere tanto de una disciplina que nos 'sintonice en la misma frecuencia', sino más bien del reconocimiento humilde de que él tiene el derecho de hablar y nosotros tenemos el deber de responder. Quizás no tengamos experiencias tan dramáticas como las de Abraham, pero no debemos olvidar que este no contaba con la enseñanza que las Escrituras nos dan de Dios. Nunca había leído ni un solo capítulo de la Biblia.

Los invitados de Abraham

La Biblia nos brinda una vívida descripción de lo que ocurrió en una oportunidad, cuando Dios se le apareció. Tres hombres, probablemente vestidos a la usanza de los beduinos, se acercaron al campamento de Abraham en medio del abrasador calor del mediodía. Este los observó aproximarse, y se puso de pie para darles la bienvenida.

En ningún momento el relato sugiere que él sospechara quiénes eran los recién llegados. Mientras los hombres se sentaban a la sombra de los terebintos, Abraham se apresuró a ordenar que se preparara agua para lavar los pies de los viajeros, y una abundante comida para servirles. Les estaba brindando la distinguida recepción que caracterizaba a las costumbres del desierto. Hubiera mostrado la misma disposición por complacer a cualquier otra persona.

Luego, también de acuerdo con la costumbre, Abraham mismo los atendió. ¿Cuándo habrá empezado a sospechar algo acerca de la identidad de sus visitantes? Es difícil saberlo. ¿Conversaron durante la comida? ¿Les habrá dicho algo acerca de su esposa Sara, y de su esterilidad? La narración no dice nada al respecto. Pero es poco probable que hubiera compartido sus anhelos más íntimos y su profunda vergüenza con hombres a quienes no conocía. ¿Lo haría usted? Más aun, Sara tenía poca fe en los contactos de Abraham con Dios y en las promesas que le había hecho de tener un heredero.

De manera que, si Abraham no había mencionado el nombre de Sara, le debe haber sorprendido que los visitantes le preguntaran: '¿Dónde está Sara, tu mujer?' Seguramente el corazón le latió aceleradamente mientras uno de los tres, llamado 'varón' en el relato, le decía: 'De cierto volveré a ti el próximo año, y para entonces Sara, tu mujer, tendrá un hijo.'

A Abraham deben haberle temblado las piernas, y sin duda contuvo la respiración. Toda su vida había deseado tener un hijo y todavía esperaba que Dios le diera uno. Había luchado durante años con la desesperanza, sin que ese sentimiento lograra extinguir su fe. Ahora, la promesa se le reiteraba.

Entonces se oyó desde la tienda la risa burlona de Sara. Lo que sucedió luego debe haber asustado tanto a Sara como a Abraham. El 'varón' (al que ahora la narración se refiere como 'Jehová') reprochó a Sara por haberse reído. Desde detrás de las cortinas, Sara rápidamente negó haberlo hecho. 'No es así, sino que te has reído', fue la respuesta severa.

La narración deja librada a nuestra imaginación los incómodos instantes que probablemente siguieron. Como en un sueño, se describe a los 'varones' mirando hacia Sodoma, y a Abraham que los acompaña al ponerse en marcha. (¿Quiénes son, exactamente? Uno de ellos representa claramente a Dios, manifestado en forma humana. ¿Podemos ver aquí a las tres personas de la Trinidad? No: el Espíritu Santo nunca es representado en forma humana. Más adelante se describe a los dos 'hombres' como seres angelicales).

El confidente de Dios

Luego, en uno de los pasajes más asombrosos de las Escrituras, alcanzamos a escuchar un monólogo divino. Se describe a Dios caminando y hablando como lo haría un ser humano. Sabemos, por supuesto, que los procesos del pensamiento divino están más allá de la comprensión humana. El Dios que puede, simultáneamente, mantener bajo su control a las galaxias, contar los cabellos de nuestra cabeza y tomar nota de cada pajarillo que cae al suelo, no 'piensa' en el sentido limitado en que nosotros podemos hacerlo. Sin embargo, aquí parece que toda su atención quedara absorbida con Abraham. '¿Encubriré yo a Abraham lo que voy a hacer?', se pregunta.

Evidentemente, Dios está por destruir a Sodoma en un drástico acto de juicio. La perversión de esa pequeña ciudad es como un desafío que atraviesa el universo de Dios, pero él considera necesario poner a Abraham al tanto de la situación, como condición previa a ejecutar su justicia.

¿Por qué se molestaría Dios en sincerarse con Abraham? Parece que se sintiera obligado hacia él. ¿Por qué? Si lo pensamos un momento, podemos advertir la enorme implicancia que tiene esta historia. El Señor de las más lejanas galaxias, el Creador de la vida y de todo cuanto existe, el Todopoderoso, el Omnisciente, el Inescrutable, el Juez de ángeles, demonios y seres humanos se toma el trabajo de explicarle a un individuo lo que está por hacer; está hablando con él sin rodeos, pero en términos que puede entender. Como quien piensa en voz alta, Dios nos da las razones de su proceder.

Dios conocía a Abraham. Sabía que gobernaba su casa en obediencia a Dios. Sabía que Abraham educaría correctamente a sus hijos. ¿Está Dios eligiendo a un individuo superior, alguien con quién relacionarse, diferente del resto de nosotros? Esta es una pregunta importante. Si respondemos 'Sí', entonces tenemos una larga lucha por delante para adecuar nuestras vidas al nivel en que Dios sienta que vale la pena compartir cosas con nosotros.

'Porque yo lo conozco …' expresa la Biblia de Jerusalén. La palabra hebrea conocer puede traducirse como 'elegir' o 'tomar como amigo' (vp). Al decir que conoce a Abraham, Dios está diciendo: 'He elegido a Abraham para que sea mi amigo. He modificado la relación de Creador a criatura, de Juez a pecador, y he agregado una nueva dimensión a esa relación. He elegido a este hombre para que sea mi amigo. Quiero tenerlo como mi colaborador. Tendrá una función en mis proyectos. Más aun, aunque sé que guardará mis preceptos y se los enseñará a sus hijos, quiero que sea más que solamente un seguidor de mis órdenes. Lo que quiero es que sea un compañero, alguien que comparta plenamente mis planes en los que él será protagonista.'

Quizás le parezca inconcebible que Dios quiera tener una relación similar con usted. Usted es una criatura formada por sus manos. Es además un pecador que él ha redimido. No sólo eso, es su hijo por adopción y por un nuevo nacimiento sobrenatural. Sin embargo, él quiere darle aun más dignidad, la de amigo o colaborador. 'Ya no os llamaré siervos, porque el siervo no sabe lo que hace su señor; pero os he llamado amigos, porque todas las cosas que oí de mi Padre os las he dado a conocer' (Juan 15.15). Él nos eligió para eso.

De esto se desprenden necesariamente dos hechos. Por ser su amigo, él compartirá con usted sus pensamientos y sus planes. Por ser su colaborador, él estará interesado en lo que usted piensa acerca de sus planes y proyectos.

No importa qué otra cosa sea la oración, tiene como finalidad compartir con Dios el análisis de asuntos que son de importancia para él. Dios lo eligió a usted para integrar una mesa directiva celestial, para deliberar con él acerca de asuntos que afectan el destino del mundo.

Dios quiere compartir sus planes con nosotros.

Advertirá de inmediato la importancia que adquiere la oración. No está centrada primariamente en mis pequeñas necesidades y aflicciones. Por supuesto, Dios se interesa en ellas y ocupan un lugar en su agenda. Pero la lista de oración ha sido elaborada en el cielo y trata asuntos de tremenda trascendencia.

Dios está dialogando con Abraham acerca del destino de Sodoma. Ya no están comentando acerca de un hijo para Abraham. Ese tema ya se había tratado: 'De aquí a un año …' Dios había dejado el problema aclarado, y no quedaba nada por decir. Ahora pasa a ocuparse de un asunto que trasciende los límites de las preocupaciones personales de Abraham. Cuando este toma conocimiento del problema, queda abrumado por la angustia.

Abraham se sintió horrorizado ante el inminente juicio sobre Sodoma. Para nosotros Sodoma no significa nada, apenas una ciudad perdida en lo remoto de la historia. Para Abraham significaba personas vivas, en pleno movimiento. Significaba amos y esclavos, comerciantes, artesanos, padres, hijos, mercaderes, animales, provisiones, casas y jardines. En Sodoma vivía su sobrino Lot. Abraham conocía personalmente Sodoma. Se había encontrado con su rey. Él mismo había rescatado a muchos de sus ciudadanos cuando sobrevino la guerra (Génesis 14). Dios le había dado poder para liberar a la ciudad de los estragos de la derrota, y sin embargo ahora estaba proponiendo arrasar la ciudad con todos sus habitantes.

No pudo haber sido solamente su preocupación por Lot lo que alimentó la intensidad de la oración de Abraham. Si sólo hubiera estado interesado por Lot y su familia, Abraham no se hubiera detenido al llegar a la cifra de diez mientras intercedía para que la ciudad fuera salvada si tan sólo se hallaban diez hombres justos en ella. No. Abraham tenía una perspectiva más amplia. Estaba preocupado por otras personas en Sodoma.

Las personas difieren entre sí. No todos en Sodoma eran igualmente corruptos. Suponemos que había allí gente misericordiosa, gente de razonable buena voluntad. Abraham derramó su corazón intercediendo por ellos. ¿Pensaba Dios destruir a todos?

Su oración se caracteriza por una extraña combinación de miedo y coraje. No era del tipo 'Salva a Sodoma si es tu voluntad, amén'. Se trataba de una súplica que incluía asuntos reales, datos y cifras concretas. Abraham sabía que Dios hablaba en serio. También sabía que si Dios decidía hacer una promesa, sería fiel en mantenerla. Su vida entera había estado consagrada a aprender esa lección. Aun así, esta era su primera reunión de directorio, y sentía miedo frente al Presidente.

¿Qué pensamos de las súplicas al estilo 'Si es tu voluntad'? ¿Son bíblicas? 'Hágase tu voluntad, como en el cielo así también en la tierra', repetimos solemnemente con la mente en blanco. La oración tiene que ver con el cumplimiento de la voluntad de Dios. Él nos llama a la oración para que podamos colaborar con él en el cumplimiento de su voluntad, pero la frase 'si es tu voluntad' es a menudo una forma de escape. Me evita el esfuerzo de llegar a un acuerdo con Dios y de averiguar cuál es su voluntad. De esa manera no tengo que ejercitar mi fe en el carácter del Dios invisible, que obra milagros cuando los obstáculos parecen insuperables. 'Si es tu voluntad' es, a veces, un gesto de pereza disfrazado de reverencia; o una actitud de fatalismo, como el que expresa el dicho popular: 'Lo que será, será.'

Por aterrorizado que esté, Abraham quiere poner las cosas en claro. Sin embargo su oración no es, como sugieren algunos comentaristas, un mero reflejo de las prácticas de regateo, típicas de los comerciantes orientales. Abraham no tiene nada que ofrecer a Dios a cambio de su petición. Los riesgos son grandes. No está regateando con Dios. Más bien está desesperado por entender.

Dios está de pie delante de Abraham, esperando su reacción. (Hay buena evidencia de que en el original ese era el sentido de las palabras, al final del versículo 22). Y cuando Abraham se adelanta para hablar, advertimos que su perplejidad no sólo se debe al terrible juicio de Dios, sino a la aparente injusticia que percibe.

¿Es justo Dios?

'¿Destruirás también al justo con el impío? … Lejos de ti el hacerlo así… El Juez de toda la tierra, ¿no ha de hacer lo que es justo?' Abraham siente que está a punto de derrumbarse el fundamento de su vida. Si hay algo sobre lo cual ha construido su existencia, es sobre la justicia y la fidelidad del Dios al que ha aprendido a servir. Con dolor, ve ante sí a un Dios al que ya no puede entender. Dios se ha vuelto un extraño para él. El cambio en la relación amenaza destruir todo en un solo golpe. Hubiese sido mejor seguir siendo solo un siervo de Dios y no su amigo. ¿Quién hubiera imaginado que Dios resultara ser un monstruo?

En su corazón, batallan dolorosas emociones conflictivas: su terror ante el Todopoderoso, y su anhelo de que el Omnipotente Dios sea todo lo que él anhela. Al fin, su deseo de que Dios sea justo supera al temor. 'Quizás haya cincuenta justos dentro de la ciudad …'

No podemos tener relación con Dios sin que nos toque estar, tarde o temprano, precisamente en el sitio donde estuvo Abraham. Yo estuve en ese lugar, una noche en la que luché con la aparente injusticia de que Dios hubiera elegido a Jacob y rechazado a Esaú. Estuve nuevamente mientras tenía mi devocional una mañana, y leí acerca de la fatal descarga de ira de Dios contra Uza, cuya única falta había sido extender la mano para evitar que el arca del pacto se cayera de la carreta (2 Samuel 6.6). Me encontraba participando de un campamento de evangelización para estudiantes. Recuerdo que me arrodillé sobre el piso de tablas de una vieja capilla, rogándole a Dios que me demostrara que no era el mismo Dios de 2 Samuel 6. ¿Cómo iba a poder predicar de su misericordiosa salvación si en realidad era un tirano caprichoso?

Dios nunca respondió a mis cuestionamiento defendiéndose a sí mismo. Bien puedo entender el tormento que vivió Abraham, porque yo mismo lo he vivido. Amaba a Dios y quería que siguiese siendo el mismo Dios que había conocido. Estaba atemorizado tanto por lo que me parecía estar percibiendo, como por mi propia temeridad de atreverme a cuestionar al Juez del universo. Sin embargo, en medio de lágrimas y sudor, la pregunta tenía que ser planteada: 'Señor, ¿cómo puedes ser así?' Su respuesta siempre fue mostrarme más de su persona de lo que nunca antes había visto, y mis lágrimas y mi perplejidad dieron paso al asombro y la adoración.

El mismo proceso es el que tuvo lugar entre Dios y Abraham. El tema de la oración de Abraham no es el destino de Sodoma sino el carácter de Dios. Es bastante fácil interceder por los condenados y los perdidos, pero es totalmente distinto cuestionar a Dios por su propia integridad.

'Te ruego, mi Señor, que me escuches, aunque soy polvo y ceniza.' Abraham estaba dolorosamente consciente de la total falta de ubicación en lo que estaba haciendo. Pero si faltara esa dolorosa percepción, ¿qué quedaría de la oración sino un mero parloteo? Si no dejamos entrar en la mente nada de lo que nos pone incómodos respecto a Dios, nuestra oración será vana. Estaremos orando a un dios modelado para nuestra comodidad y no al verdadero Dios tal como es. La verdadera oración significa responder al Dios real a medida que se nos va revelando por medio de su Espíritu en la Palabra. La oración, definida en esos términos, puede implicar una temible experiencia. '¡Ay de mí que soy muerto!', exclamó Isaías cuando el Dios vivo se le mostró, en todo su esplendor en medio del humo (Isaías 6.5).

Hasta aquí Abraham no se ha atrevido a preguntar lo que realmente le interesa saber. Lo que parece un regateo, descontando de cinco en cinco y de diez en diez, es el angustioso avance de quien teme que su próximo paso sea el último. 'No se enoje ahora mi Señor; si solo hablare esta vez…'

¿Por qué se detuvo Abraham en la cifra de diez? Quizás nunca lo sepamos. Una cosa sí sabemos con certeza: se sintió seguro. Cada vez que escuchaba la respuesta: Por amor a cuarenta, no la destruiré … no lo haré si se hallaren treinta … por amor a diez …, se iba transformando la imagen de Dios a los ojos de Abraham. No era un monstruo el que tenía delante sino el Dios conocido, el Dios del pacto. De alguna forma, era ahora más grande. Menos comprensible, es cierto. Pero, paradójicamente, era a la vez un Dios al que Abraham entendía mejor que nunca antes. Un Dios familiar al que sin embargo casi no conocía. Un Dios justo cuyos juicios nunca podría aprehender.

> Dios me mostró más de su persona de lo que nunca antes había visto.

Abraham se sintió satisfecho. Ya no necesitaba seguir descontando. Fuese o no destruida Sodoma, el universo seguía sostenido sobre sólidos cimientos. La tormenta podría ser terrible y la destrucción inimaginable, pero todo estaba en orden.

Abraham se había transformado en un hombre más grande, con un Dios más grandioso. La oración lo había transformado. El propósito de Dios al invitarlo a su reunión de directorio se había cumplido. Dios mismo cerró la reunión, y dejó a Abraham solo, disfrutando del maravilloso descubrimiento.

Jacob

✦ DÉJATE VENCER ✦
POR LA GRACIA

*S*e levantó aquella noche, tomó a sus dos mujeres, a sus dos siervas y a sus once hijos, y pasó el vado de Jaboc. Los tomó, pues, y les hizo pasar el arroyo a ellos y a todo lo que tenía. Así se quedó Jacob solo; y luchó con él un varón hasta que rayaba el alba. Cuando el hombre vio que no podía con él, tocó en el sitio del encaje de su muslo, y se descoyuntó el muslo de Jacob mientras con él luchaba. Y dijo: 'Déjame, porque raya el alba.' Jacob le respondió: 'No te dejaré, si no me bendices.' '¿Cuál es tu nombre?' le preguntó el hombre. 'Jacob', respondió él. Entonces el hombre dijo: 'Ya no te llamarás Jacob, sino Israel, porque has luchado con Dios y con los hombres, y has vencido.' 'Declárame ahora tu nombre', le preguntó Jacob. '¿Por qué me preguntas por mi nombre?' respondió el hombre. Y lo bendijo allí mismo. Jacob llamó Peniel a aquel lugar, porque dijo: 'Vi a Dios cara a cara, y fue librada mi alma'.

Ya había pasado de Peniel cuando salió el sol; y cojeaba a causa de su cadera. Por esto, hasta el día de hoy no comen los hijos de Israel del tendón que se contrajo, el cual está en el encaje del muslo, porque Jacob fue tocado en este sitio de su muslo, en el tendón que se contrajo.

Génesis 32.22–32

Lisiado y exhausto

La figura de Jacob, luchando en el desfiladero de Jaboc una noche solitaria con el Dios-hombre, ha encendido la imaginación de poetas y místicos a lo largo de los siglos. Muchos la consideran una lucha heroica en la que Jacob, lisiado y exhausto, vence la resistencia divina y logra obtener de Dios lo que tanto había anhelado. Consideran este episodio como el modelo de la oración victoriosa. Si es así, nos deja un desafío: ¿Quién de nosotros luchará en oración como lo hizo Jacob, y logrará imponerse como lo hizo él? ¿Podremos nosotros vencer a Dios?

Antes de que nos dejemos arrastrar por la imaginación, observemos qué dice realmente la narración. Preguntémonos por qué hubo tal lucha, después de todo. Si Dios es Todopoderoso, y el hombre débil, ¿por qué Jacob no fue doblegado de inmediato? ¿Necesita Dios llegar al extremo de dejarlo inválido? ¿Pelea un ratón contra un elefante? ¿Se preocuparía siquiera un elefante, si un ratón le hiciera frente?

Lo primero que deberíamos tomar en cuenta en esta historia es que no fue Jacob quien inició la agresión. El texto es muy claro al respecto. 'Y luchó con él un varón.' Ahora bien, si alguien nos pega, tenemos dos alternativas: devolver el golpe o escapar. Pero si, en cambio, alguien se traba en lucha con nosotros, no tenemos alternativa. Sea que queramos huir o pelear, estamos obligados a luchar,

ya sea para liberarnos de sus manos o para darle su merecido. Jacob no luchó porque eligió hacerlo, sino porque
se vio obligado: ese 'varón' estaba tratando de ponerlo
contra el suelo.

Si nos preguntamos por qué Dios se molestaría en luchar, quedamos perplejos. Vemos que se ha reducido a la
estatura de Jacob. Rehúsa aprovechar la ventaja que tiene
sobre su oponente más débil. Al menos esa es su actitud
al comienzo, hasta que comprueba que Jacob no tiene
ninguna intención de rendirse.

¿Qué significa todo esto? Jacob había estado luchando
contra Dios durante toda su existencia. La pelea junto al
arroyo de Jaboc simboliza esa lucha de toda la vida. A lo
largo de los años Jacob había ido descendido hasta este
punto, y el resto de su vida ascendería a partir de allí.
Hasta esta crisis, toda su existencia ha sido una constante
lucha por resistirse a la bondad de Dios. Como sucede en
muchas ocasiones, Jacob había estado luchando contra un
Dios que estaba decidido a bendecirlo y ayudarlo.

Comienza la lucha

Al parecer, Rebeca, la madre de Jacob, había tenido un
embarazo complicado. Los movimientos en su vientre no
habían sido 'los de un pajarillo atrapado en la mano', sino
una vigorosa pelea. 'Los hijos luchaban dentro de ella.' La
pelea parecía ser una advertencia de lo que ocurriría más
tarde, y Rebeca, asustada de lo que le estaba sucediendo,
'fue a consultar a Jehová'. La respuesta que recibió fue:
'Dos naciones hay en tu seno, dos pueblos divididos desde
tus entrañas. Un pueblo será más fuerte que el otro pueblo,
y el mayor servirá al menor' (Génesis 25.22–23).

El primero de los mellizos, Esaú, nació velludo y pelirrojo, destinado a ser un cazador, fuerte e impulsivo. El segundo fue Jacob, que siguió en seguida a Esaú por el canal del parto, 'trabada su mano al calcañar de Esaú' (Génesis 25.26). Es como si el futuro hubiera arrojado su sombra sobre ellos. La lucha en el vientre, la mano tomada del tobillo de Esaú, parecían ser curiosas confirmaciones de la profecía. Jacob era el menor, suave y delicado, pero perseveraría hasta obtener todo lo que deseaba.

A medida que los muchachos crecían, parecía lejos de cumplirse la promesa que había recibido Jacob. Esaú era todo un hombre. Era robusto, y lo envolvía el olor a campo. También era el favorito de su padre Isaac. Esaú tenía tres factores de su lado. Por ser el mayor tenía el derecho de primogenitura, es decir, una mayor proporción de la herencia y la jefatura en la jerarquía familiar. En segundo lugar, era físicamente superior a Jacob. Y finalmente, como favorito de su padre, era el candidato previsible de la bendición de Isaac, una bendición profética que los patriarcas pronunciaban respecto a sus hijos cuando estaban próximos a morir.

Sin duda Jacob debe haber advertido todo esto. Pero también debe haber sabido, por intermedio de su madre, acerca de la promesa que Dios había hecho. Ni Rebeca ni Jacob tomaron la promesa en su verdadero sentido. Más bien, interpretaron que Jacob tenía el derecho de obtener la supremacía sobre Esaú. Sin embargo ninguno de los dos tenía verdadera confianza en que Dios cumpliría lo que había prometido. Por lo tanto, si Jacob iba a obtener lo que le correspondía, sería solo aprovechándose de las debilidades de Esaú, por medio del engaño y la superstición. Con estos recursos, Jacob pasó la mitad de su vida luchando por obtener lo que Dios de todos modos había planeado darle. Finalmente, obtuvo exactamente lo que Dios le había prometido (nada más). Lo trágico es que, por tomar ese camino, perdió la paz y la comunión con Dios que de otra forma hubiera podido disfrutar. Dios había dispuesto darle la herencia, y además la paz y la comunión consigo. Pero en vez de ello, Jacob pasó veintiún años consumido por la ansiedad.

Cuando Esaú, físicamente fuerte pero con poco dominio de sí mismo, llegó un día desfalleciendo de hambre y percibió la fragancia de la comida que Jacob estaba preparando, este pudo arrancar a su hermano la promesa de la primogenitura a cambio de un guisado de lentejas. Jacob aprovechó bien su oportunidad.

—Véndeme en este día tu primogenitura — le dijo a su hermano, violando así una costumbre beduina. Cuando un hombre está exhausto y hambriento, se lo debe alimentar; aun si se trata de un extraño, es un deber ayudarlo a sobrevivir. Y si el que llega es un hermano mellizo…

—He aquí yo me voy a morir —fue la respuesta lastimera de Esaú—. ¿Para qué, pues, me servirá la primogenitura?

Pero Jacob no estuvo satisfecho. 'Júramelo', insistió. Y Esaú juró. El trato quedó sellado. Por el precio de un plato de lentejas, Jacob consiguió la anhelada primogenitura. Era su primer paso para ganarse la superioridad, pero habría mucho más.

La gente primitiva es mucho más hábil que la mayoría de nosotros para advertir la proximidad de su propia muerte. Cuando la hora se aproximaba, los patriarcas posaban sus manos sobre sus descendientes y los 'bendecían', es decir, pronunciaban una profecía respecto de la vida de sus hijos.

Rebeca no tenía la menor duda de que cuando su esposo Isaac bendijera a sus dos hijos, la mejor parte le tocaría a Esaú. De modo que cuando llegó el momento de actuar, ella estaba preparada.

Un día, Isaac, ya ciego, y consciente de que su muerte estaba próxima, envió a Esaú a cazar. Le daría la bendición patriarcal, pero lo haría con el estómago lleno. Entonces Rebeca y Jacob engañaron al anciano. Ella preparó el plato que Isaac deseaba comer, vistió a Jacob con ropa de Esaú, cubrió su cuello lampiño con cuero de cabrito, y lo envió a ver a su padre para recibir la bendición que debía haber sido de Esaú (Génesis 27.1–40).

> Jacob pasó la mitad de su vida luchando por obtener lo que Dios de todos modos había planeado darle.

La historia es muy triste, y nuestra simpatía cae fácilmente sobre el anciano que fue burlado. Los cuatro miembros de la familia compartían la misma confianza absoluta en el poder de las palabras que se pronunciaban. La bendición que recibió Jacob, que predecía que él sería el 'señor sobre sus hermanos', era una declaración tan firme como la escritura de propiedad de una porción de tierra. Lo que se había hecho, aunque fuese por medio del engaño, no podía deshacerse. No había corte de apelación. La ira y el dolor de Esaú fueron muy amargos.

Jacob (cuyo nombre significaba 'suplantador') hizo honor nuevamente a su nombre. Lo que es más grave, volvió nuevamente a obtener por el esfuerzo humano lo que Dios siempre había tenido la intención de darle. Durante muchos años más, Jacob continuó echando mano al mismo recurso inútil de luchar para conseguir lo que hubiera podido recibir de Dios gratuitamente.

Ni paz ni protección

A causa de la ira de Esaú, era poco prudente que Jacob se quedara en casa. Sus padres lo despidieron con el pretexto de que fuera a buscar esposa. Poco después de ponerse en marcha, experimentó su primer encuentro con Dios.

Durmiendo una noche a cielo abierto, con una piedra por almohada, soñó que veía una escalera por la que los ángeles subían y bajaban del cielo. El Señor estaba de pie a su lado, y le hizo una serie de sorprendentes promesas.

Primero le aseguró a Jacob que esa tierra, cientos de kilómetros a su alrededor, sería para sus descendientes. Ampliando aun más la promesa, le dijo a Jacob que el mundo entero sería bendecido por medio de esos mismos descendientes (Génesis 28.14). Y para darle tranquilidad frente a los peligros que iba a enfrentar, tanto imaginarios como reales, le garantizó su presencia y su protección personal hasta que regresara sano y salvo a casa.

Cuando despertó, Jacob estaba maravillado y un poco asustado. Al estilo oriental, hizo un pequeño altar con la misma piedra que le había servido de almohada, derramó aceite sobre ella y le dio al sitio el nombre de Betel, que significa 'casa de Dios'. También hizo un juramento, que es más interesante por lo que no juró que por lo que juró.

Si lo traía de regreso, entonces Dios sería su Dios, y Jacob le dedicaría la décima parte de todas sus posesiones. Era reconfortante (aunque temible) que Dios le dijera todo lo que iba a hacer en su favor. Pero le pareció poco sabio confiar demasiado en la promesa. No tenemos cómo detectar el razonamiento que hizo Jacob. Quizás ni se le ocurrió que era pecado dudar de la integridad del Altísimo. Lo que sí queda claro es que frente a las promesas que había recibido estaba adoptando una actitud de espere-y-compruebe. Y por la conducta que mostró después, es evidente que hizo todo lo que se le cruzó por la cabeza para ayudar a que las promesas pudieran cumplirse.

Yo solía considerarme infinitamente superior a Jacob en este aspecto. 'Si Dios se me hubiese aparecido a mí con tales promesas ... ' pensaba con cierta presunción. Sin embargo, siendo realista, compruebo que no tengo de qué sentirme orgulloso. Yo tengo a mi disposición un registro infinitamente más rico y detallado de la manera en que Dios actúa. Quizás Dios no me haya hablado en sueños, pero tengo a mi alcance miles de promesas bíblicas. Más aun, en numerosas ocasiones he experimentado la intervención dramática de Dios en mi vida, como respuesta a la oración.

Confieso, sin embargo, que a pesar de estas ventajas obvias, a veces me descubro reaccionando de manera muy parecida a Jacob. Todo anda bien inmediatamente después de alguna respuesta asombrosa a la oración. En medio de ese halo radiante, me siento lleno de alabanza y no me cuesta confiar en Dios. Pero a medida que pasa el tiempo, una apariencia de irrealidad empieza a interponerse entre mi ser y los sucesos del pasado, o entre mi persona y la Palabra de Dios. Mis alabanzas empiezan a sonar huecas, y mi declaración de confianza en su poder y fidelidad resultan un tanto forzadas.

Después de todo, ¿cómo se espera que uno actúe a la luz de las promesas de Dios? 'Dios ayuda a quienes se ayudan a sí mismos', dice un refrán. Quizás no sea un gesto de incredulidad de mi parte aportar mi propio esfuerzo para obtener respuesta a mis súplicas.

Todo depende, por supuesto, de cuál es mi motivación al hacerlo. ¿Lo hago porque realmente confío en Dios? ¿O lo hago porque me conviene asegurarme que podré conseguir lo que quiero? Hay un tipo de acción que nace de la fe, y otra que surge de la falta de fe.

En el caso de Jacob, es fácil darnos cuenta de cuál de estas actitudes se trata. Jacob pone en evidencia su incredulidad por la manera en que ora. 'Si.. si … y si … ' es el eje de su discurso ante Dios.

Cuando usted le pide algo a Dios, debe ser tan honesto consigo mismo como lo fue Jacob. Una vez que conoce la voluntad de Dios, es decir, cuando el asunto es un caso claro de una promesa de las Escrituras, su conducta ¿es la de una persona que está confiando en la fidelidad y el poder de Dios, o es la de alguien que siente que no vendría mal contar con una ayudita adicional?

En su tío Labán, Jacob se encontró con un oponente de su talla en cuestión de engaños. Trabajó siete años para ganarse a Raquel, la hija menor de Labán, pero cuando se despertó después de la embriaguez de su noche de bodas descubrió, lleno de ira, que no se había casado con su verdadero amor, sino con Lea, la hermana mayor y menos atractiva. Pero Jacob no olvidó la lección. Esperó años para vengarse de Labán.

> Cuando usted le pide algo a Dios, debe ser tan honesto consigo mismo como lo fue Jacob.

Amaba a Raquel lo suficiente como para aceptarla como segunda esposa, 'a cuenta' de siete años más de servidumbre. El relato está cargado de cuestiones de celos y de superstición. Labán y Jacob entraron en una nueva etapa de su relación, en la que se le permitió a Jacob acumular ganado como pago por los servicios prestados, y entonces echó mano a todos los trucos que conocía para sacar mejor provecho.

Difícilmente pudo haber sido la suya una vida feliz. Trabajaba como un esclavo. La constante rivalidad entre sus esposas lo obligaba a un comportamiento que más se parecía a prostitución masculina que a la conducta de un esposo satisfecho (Génesis 30.14–16). El arreglo laboral que había hecho con Labán seguramente fue motivo de constante ansiedad. (Por ejemplo, Jacob tenía que responder por todas las pérdidas de los rebaños de Labán).

El contrato que habían establecido determinaba que el ganado se dividiría de acuerdo al aspecto: las ovejas negras, las rayadas y las moteadas serían de Jacob, y las restantes de Labán. Cada uno de ellos hacía todo lo que podía por estafar o burlar al otro (Génesis 30.30–43). Jacob llegó a caer en prácticas de superchería. Era imposible que gozara de paz mental. Por el contrario, a medida que pasaba el tiempo temía cada vez más por su vida.

La esencia de nuestra relación con Dios no está en lo que obtenemos en términos de seguridad personal o prosperidad material, sino en nuestra comunión con él y en nuestra paz mental. Es posible tener total seguridad física, y sin embargo carecer de paz. Aunque Jacob no lo supiera, estaba a salvo. Dios no tenía ninguna intención de permitir que Labán le hiciera daño (Génesis 31.24). Dios también se iba a ocupar de que Jacob volviera a su casa enriquecido. Pero Jacob no disfrutaba de la paz que la protección de Dios le podría haber provisto, ni de la dulzura de su comunión. Era un hombre perseguido por la ambición, por el miedo, y por una vida familiar conflictiva.

El pescuezo del lobo

Jacob finalmente escapó de Labán, llevándose a su familia, sus siervos y su ganado.

Sin embargo, lo esperaban temores aun mayores. Le llegó la noticia de que Esaú, su hermano, salía a su encuentro con cuatrocientos hombres.

Aunque asustado, Jacob no se dejó dominar por el pánico. Sentía que su única esperanza era apaciguar a su hermano y apelar a su sentimentalismo; por eso reordenó su ganado y su familia, organizándolos como lo haría un general. Primero Esaú se encontraría con los siervos de Jacob, quienes le presentarían oleadas de regalos 'a mi señor Esaú' de parte de 'su siervo Jacob'. Luego aparecerían sus esposas e hijos. Jacob estaba empleando la psicología para encarar a su hermano.

Los etólogos han observado que cuando un lobo joven desafía al líder de la manada de lobos, pero pierde, ofrece su pescuezo a los colmillos de su vencedor. En ese momento la agresividad del líder parece derretirse. En lugar de matar a su adversario, se vuelve para orinar, mientras el lobo vencido se escabulle a lamerse las heridas.

Al enviar a sus esposas e hijos adelante, es como si Jacob le presentara su cuello a Esaú. Después de cruzar el Jaboc, se encontró solo durante la noche, esperando ansiosamente el desenlace. Fue precisamente allí donde Dios empezó a tratarlo con tanta energía.

Hasta aquí he sostenido que la lucha entre Jacob y el Señor no debiera describirse como una esforzada pelea de parte de Jacob para obtener algo de Dios. Es importante advertir esta diferencia. Si usted se acerca a Dios decidido a orar hasta obtener una respuesta, como si el éxito de la oración dependiera de su determinación y su esfuerzo, es muy probable que termine totalmente decepcionado.

Mucho depende, por supuesto, de cómo interpretamos la expresión 'perseverar en oración'. Para algunos significa confiar en que Dios nos dará la luz en medio de la confusión, que nos ayudará a entender *su* perspectiva y a modificar *nuestro* punto de vista. Sin duda, esa perseverancia en la oración es buena. Es el tipo de actitud que adoptó Abraham cuando el juicio de Sodoma.

> **Perseverar en oración es continuar hasta entender la perspectiva de Dios.**

Pero para otros, perseverar en oración significa arremeter contra toda resistencia hasta doblegar a Dios mismo. Piensan que perseverar en oración es golpear con nuestros nudillos a las puertas del cielo hasta sangrar, y lograr que nos abran. Esta clase de oración perseverante no es otra cosa que un ejercicio de vanidad o de masoquismo. Finalmente desanima a la persona que ora, a veces llevándola a la desesperación. Y esta práctica también deshonra a Dios.

Quizás me diga: 'Sí, pero, ¿no es acaso cierto que los poderes de las tinieblas resisten nuestras oraciones, y que necesitamos vencer la oposición satánica?' Bueno, hay algo de verdad en lo que dice; pero antes de que hagamos un paréntesis para aclarar el asunto, quiero recordarle que Jacob no estaba luchando con Satanás sino con Dios.

Recuerdo una sola ocasión en las Escrituras en que la oposición demoníaca impidió la respuesta a la oración. La encontramos en Daniel, capítulo 10. Creo que es ingenuo compararnos con Daniel, ese extraordinario guerrero de la oración. En todo caso, Daniel no estaba abriéndose camino a golpes hasta la presencia de Dios. No estaba involucrado en ninguna clase de pelea. Estaba sencillamente tan abrumado por el dolor que durante tres semanas hizo duelo y ayunó. La verdadera batalla estaba debatiéndose en los lugares celestiales. No era Daniel quien peleaba. Tampoco podemos reproducir el estado mental que lo abrumaba. Daniel hizo duelo y ayunó porque no lo podía evitar. Su estado anímico había sido inducido por Dios mismo. Por lo tanto, si usted se involucra en una especie de boxeo en la oración, no cite a Daniel ni a Jacob para respaldar su actitud.

Nunca es correcto armar artificialmente una especie de estado fervoroso. Eso es carnal. Solo puede provocarnos la derrota. No nos lleva a ninguna parte. El resultado final será el orgullo espiritual o bien un profundo desánimo. Y aquí extraemos otro principio: No debe afligirse cuando no experimente emociones profundas en la oración. La fe es una actitud de la voluntad, que expresa: 'Sea que sienta o no que Dios está allí, sea que sienta o no que él me oye, su Palabra me dice que él oye y contesta, y yo voy a confiar en eso.'

Vencido por la dependencia

Jacob luchó con Dios porque no tenía alternativa. Se estaba defendiendo, no estaba atacando. Sin embargo, al final del relato se nos dice que obtuvo la victoria. 'No se dirá más tu nombre Jacob, sino Israel; porque has luchado con Dios y con los hombres, y has vencido' (Génesis 32.28).

El nombre Israel significa 'Dios luchó'. Muy bien. Podemos estar tranquilos: si Dios luchó, entonces fue realmente Dios quien inició la pelea.

¿En qué sentido venció Jacob? Lea nuevamente el relato. Imagine la lucha como si Dios estuviera tratando de ayudar a Jacob a entender algo. Imagine que está tratando de imponer a Jacob verdades que éste se niega a reconocer. Imagine a Dios, mientras luchan, tratando de convencer a Jacob de que no quiere hacerle daño, de que sus intenciones no son malas sino misericordiosas. (A menudo he tenido que doblegar a pacientes delirantes que se echan a correr aterrorizados por medio del campo canadiense, blanco de nieve. Yo soy el agresor, pero mi propósito es bueno.)

> Dios espera que usted se arroje a su misericordia.

Jacob está demasiado asustado. A lo largo de toda su vida ha aprendido una sola cosa: no hay que confiar en nadie. Está convencido de que debe pelear por sí mismo. De modo que lucha, aterrorizado pero decidido a no rendirse. Luego, repentinamente, lo inunda un dolor insoportable y su pierna queda inutilizada.

¿Ha tratado alguna vez de luchar, sufriendo de lumbago o de una hernia de disco? Puedo decirle qué hace una persona en esa situación: se agarra de su rival, se toma de él con desesperación. Si no lo hace, se cae.

Por fin, atravesando la maraña de dolor y de miedo, las palabras penetraron el cerebro de Jacob: 'Déjame, porque raya el alba.'

¿Dejarlo ir? Él no sabe si podrá caminar. ¿Dejarlo ir? ¿Cómo se le ocurre? En algún momento, le ha sobrevenido la temible certeza de que aquel sobre cuyo pecho está recostado, transpirando y jadeando, es el Dios de sus padres, que podría matarlo con su mirada. Y por primera vez, porque no tiene otra alternativa ni otra esperanza, la tenacidad de Jacob se orienta en la dirección correcta.

'No te dejaré, si no me bendices.'

Son las palabras que Dios ha estado esperando por más de cuarenta años. Hubiera preferido que Jacob reconociera su impotencia y se entregara a la misericordia de Dios mucho antes. No era su deseo someterlo de esa forma, pero Jacob no le ha dejado alternativa. Y la respuesta de Dios no se hace esperar. Jacob vence cuando se declara impotente y necesitado.

¿Está Dios luchando con usted? Si es así, ¿por qué se resiste? ¿Por ambición? Él quiere satisfacer todas sus necesidades. ¿Por temor? Solo él puede liberarlo del temor. ¿Porque quiere hacerlo a su manera solo por esta vez? Sería tonto de su parte.

Dios no desea llevarlo a una situación extrema en la que no le quede otra alternativa que arrojarse a su misericordia. Sin embargo, lo hará si es necesario. Quizás ya lo ha hecho.

Recuerdo a una mujer que me decía: '¡Bueno, creo que ya no tengo más remedio que esperar en el Señor!' Es una actitud necia; la fe debe venir antes, no al final. Pero no hay límite a lo que Dios está dispuesto a hacer, ni crisis que él evite, para enseñarle esta lección esencial respecto a la oración: que usted es impotente, y que no tiene esperanza alguna sino en él.

El 'varón' desapareció, y Jacob quedó tambaleante, jadeando, probando con cuidado la pierna para ver si podía caminar. 'Vi a Dios cara a cara.' El eco asombrado de estas palabras se repetía en su cerebro, insuflando nueva vida en su cuerpo exhausto. 'Peniel' (rostro de Dios) llamó Jacob a ese lugar. Mientras trepaba, renqueante y dolorido, tratando de salir del desfiladero, el sol asomaba sobre su cabeza. A partir de entonces, nada volvería a ser igual.

Moisés

✦ ANÍMATE A SER ✦
AMIGO DE DIOS

*C*ontinuó diciendo Jehová a Moisés: 'Yo he visto a este pueblo, que por cierto es un pueblo muy terco. Ahora, pues, déjame que se encienda mi ira contra ellos y los consuma; pero de ti yo haré una nación grande.'

Entonces Moisés oró en presencia de Jehová, su Dios, y dijo: «¿Por qué, Jehová, se encenderá tu furor contra tu pueblo, el que tú sacaste de la tierra de Egipto con gran poder y con mano fuerte? ¿Por qué han de decir los egipcios: 'Para mal los sacó, para matarlos en los montes y para exterminarlos de sobre la faz de la tierra'? Vuélvete del ardor de tu ira y arrepiéntete de este mal contra tu pueblo. Acuérdate de Abraham, de Isaac y de Israel, tus siervos, a los cuales has jurado por ti mismo y les has dicho: 'Yo multiplicaré vuestra descendencia como las estrellas del cielo, y le daré a vuestra descendencia toda esta tierra de que os he hablado, y ellos la poseerán como heredad para siempre.' Entonces Jehová se arrepintió del mal que dijo habría de hacer a su pueblo.

Aconteció que al día siguiente dijo Moisés al pueblo: 'Vosotros habéis cometido un gran pecado, pero yo subiré ahora a donde está Jehová; quizá le aplacaré acerca de vuestro pecado.' Entonces volvió Moisés ante Jehová y le dijo: 'Puesto que este pueblo ha cometido un gran pecado al hacerse dioses de oro, te ruego que perdones ahora su pecado, y si no, bórrame del libro que has escrito.'

Dijo Moisés a Jehová: «Mira, tú me dices: 'Saca a este pueblo', pero no me has indicado a quién enviarás conmigo. Sin embargo, tú dices: 'Yo te he conocido por tu nombre y has hallado también gracia a mis ojos.' Pues bien, si he hallado gracia a tus ojos, te ruego que me muestres ahora *tu camino, para que te conozca y halle gracia a tus ojos; y mira que esta gente es tu pueblo.»*

Jehová le dijo: 'Mi presencia te acompañará y te daré descanso.' Moisés respondió: 'Si tu presencia no ha de acompañarnos, no nos saques de aquí. Pues ¿en qué se conocerá aquí que he hallado gracia a tus ojos, yo y tu pueblo, sino en que tú andas con nosotros, y que yo y tu pueblo hemos sido apartados de entre todos los pueblos que están sobre la faz de la tierra?' 'También haré esto que has dicho, por cuanto has hallado gracia a mis ojos y te he conocido por tu nombre', respondió Jehová a Moisés. Entonces dijo Moisés: 'Te ruego que me muestres tu gloria.' Jehová le respondió: 'Yo haré pasar toda mi bondad delante de tu rostro y pronunciaré el nombre de Jehová delante de ti, pues tengo misericordia del que quiero tener misericordia, y soy clemente con quien quiero ser clemente; pero no podrás ver mi rostro', añadió, 'porque ningún hombre podrá verme y seguir viviendo.' Luego dijo Jehová: 'Aquí hay un lugar junto a mí. Tú estarás sobre la peña, y cuando pase mi gloria, yo te pondré en una hendidura de la peña, y te cubriré con mi mano hasta que haya pasado. Después apartaré mi mano y verás mis espaldas, pero no se verá mi rostro.'

Éxodo 32.9–14, 30–32; 33.12–23

El brillo en su rostro

◆━━━◆◆❖◆◆━━━◆

El pueblo de Israel no olvidaría jamás ese día terrible y sangriento. Nuestro enfoque moderno y liviano de la religión y la moral nos lleva a considerar estos incidentes como demasiado brutales, inaceptables. Nos descompone la atrocidad de estos levitas armados que, abriéndose paso entre la multitud de israelitas aterrados, mataron a tres mil personas en una especie de orgía justiciera.

Nuestros valores han cambiado. Para Moisés, ese derramamiento de sangre no alcanzaba a compararse con el horroroso pecado del pueblo. Habían sido liberados de Egipto por un Dios que había cambiado el curso de la naturaleza, que les había abierto un camino seco en el Mar Rojo, que los guiaba personalmente en una nube o en una columna de fuego, que se había revelado a ellos como el único Dios, el Dios eterno, el verdadero Dios. Sin embargo, apenas pasados unos días de la manifestación gloriosa de Dios, los necios israelitas preferían rechazarlo y entregarse nuevamente a la idolatría. La falta de constancia y la blasfemia horrorizaron a Moisés; y su espanto era mayor porque él venía de estar en la presencia misma de Dios, del Dios al que habían deshonrado con tanta ligereza.

Dos amores

Hay algo de lo cual podemos estar seguros: a pesar de su enorme enojo, Moisés seguía amando profundamente a ese pueblo sobre el cual había ordenado descargar la violencia de los levitas. Moisés era un hombre desgarrado por lo que parecían ser dos amores incompatibles: el amor a Dios y el amor por su pueblo.

Durante varias horas, rodeado de bruma y humo, había rogado a Dios que perdonara a ese pueblo, sobre el cual Dios quería aplicar una sentencia de muerte. 'Ahora pues, déjame que se encienda mi ira contra ellos y los consuma; pero de ti yo haré una nación grande', le había dicho Dios.

¿Estaría Dios probándolo? La reacción de Moisés fue inmediata e inequívoca. Decidido a dar su vida si era necesario, 'trató de calmar al Señor su Dios' (Éxodo 32.11, VP).

Si nos detenemos a pensar en la oferta que Dios le hacía, nos daremos cuenta de que podría haber significado una tentación irresistible. Los israelitas habían sido motivo de constante tensión y preocupación para Moisés. Había llegado a sentirse agobiado por la inconstancia del pueblo, sus quejas reiteradas, su ingratitud, sus interminables riñas. Lo aclamaban en medio del triunfo, pero estaban listos a culparlo del menor obstáculo que se les presentara. Qué alivio hubiera sido liberarse de esa muchedumbre indisciplinada, y empezar de nuevo consigo mismo y sus propios hijos. Pero es como si nunca se le hubiera pasado esa idea por la cabeza. Dos cosas predominan en su plegaria: una tierna preocupación por la nación que conducía, y un celo apasionado por la reputación de su Dios.

'¿Por qué, Jehová, se encenderá tu furor contra tu pueblo, el que tú sacaste de la tierra de Egipto con gran poder y con mano fuerte?' ¿Es este el mismo Moisés que tan insistentemente resistió el llamado de Dios cuando le habló desde la zarza ardiente? ¿Es el mismo príncipe de Egipto

que se había refugiado en el desierto durante cuarenta
años, lejos de los peligros y las angustias de su pueblo?
¿Es el mismo Moisés que apenas un poco antes ordenó la
matanza de tres mil israelitas? ¿Qué le ha pasado? ¿Por qué
está tan ansioso de que el favor de Dios no abandone a esos
dos millones de hombres y mujeres vacilantes, entregados
a una orgía al pie del Monte Sinaí? ¿Por quién está más
preocupado Moisés: por el pueblo, o por el nombre de
Dios? Notemos lo que dice:

«¿Por qué han de decir los egipcios: 'Para mal los sacó,
para matarlos en los montes y para exterminarlos de sobre
la faz de la tierra?'» Sin embargo, poco importa cuál de
esas dos preocupaciones lo afectaba
más. Lo importante es que Moisés, el
sumiso y tímido Moisés, se ha transformado ahora en un hombre que se
atreve a desafiar los deseos de Dios, y
aun a reprenderlo. ¿Lo había cambiado
la montaña? ¿Había algo embriagante
en el Sinaí, donde Dios se presentó envuelto en fuego y humo, algo que había
hecho perder el juicio a Moisés?

> El tímido
> Moisés se
> transforma
> en un
> intercesor
> valiente.

'Vuélvete del ardor de tu ira', ruega
Moisés, 'y arrepiéntete de este mal contra tu pueblo'. Son
palabras valientes, sin duda. Es el coraje de una osa que
defiende a sus cachorros, de una leona cuyas crías están
amenazadas. Moisés no tiene conciencia del peligro personal que corre. Solo una cosa le importa: liberar a Israel
del fuego abrasador. Este es el Moisés que debemos tener
presente cuando reflexionamos en la matanza en medio
del campamento.

¿Ha orado usted así alguna vez? ¿Lo he hecho yo? Es más, ¿se espera que lo hagamos? Es obvio que no podemos elaborar artificialmente en nosotros esa emoción punzante que acosaba a Moisés a lo largo de su riesgosa travesía. Pero, ¿podemos seguir nuestro camino tan tranquilos, sin afligirnos por los juicios de Dios que penden sobre los pueblos de nuestro tiempo? ¿Podemos ir por ahí exhibiendo nuestra cándida sonrisa evangélica, y orando con total superficialidad: 'Dios, bendice a nuestra iglesia. Amén.'?

¿Será que nunca hemos estado en Sinaí? ¿Será que todavía no hemos visto la ardiente santidad de Dios, cuyos mandamientos expresan el fuego implacable de su identidad? ¿Nos hemos sumergido a tal punto en el espíritu de la época en que vivimos, que la noción de pecado se ha reducido a una definición técnica de la teología? ¿Nos parece demasiado remota la perspectiva de la ira y el juicio divinos? ¿Nos resulta impensable? Y lo que es aun peor, ¿consideramos que rogar por la misericordia de Dios es incompatible con el sacrificio perfecto del Cordero de Dios? Nuestro Dios es Dios de santidad y de juicio. Cuando el Señor dictó al apóstol Juan su carta para la iglesia de Tiatira, habló de 'Jezabel, esa mujer que dice ser profetisa. Con su enseñanza engaña a mis siervos, pues los induce a cometer inmoralidades sexuales y a comer alimentos sacrificados a los ídolos. Le he dado tiempo para que se arrepienta de su inmoralidad, pero no quiere hacerlo. Por eso la voy a postrar en un lecho de dolor, y a los que cometen adulterio con ella los haré sufrir terriblemente... A los hijos de esa mujer los heriré de muerte.' (Apocalipsis 2.20–23, NVI). El que toma nota de lo que se le dicta es Juan, el discípulo amado; y es Jesús, el manso y humilde, quien dicta estas temibles amenazas. ¿Qué motivo podríamos tener para suponer que pudo haber cambiado en estos dos mil años?

El Dios del Sinaí es el Dios de nuestro Señor Jesucristo. Es inmutable. Él no se ablanda con el paso del tiempo. Es el Dios de la ley. Es el Dios de la gracia. Él es el Dios que exige nada menos que santidad a su pueblo. Los expertos en relaciones públicas que se autodesignan para representarlo no nos han hecho ningún favor a nosotros ni a él. Es una verdadera blasfemia que hayan suavizado los rasgos más severos de su imagen, adaptándolo a nuestras preferencias. La representación que nos hacemos de Dios se ha ido modificando con el tiempo y tal vez somos en realidad los adoradores de un becerro de oro. Necesitamos que nos recuerden, como a los personajes de las Crónicas de Narnia, de C. S. Lewis, que 'Aslan no es un león domesticado'. No podemos orar correctamente si no advertimos quién es Dios.

Para poder sentir el coraje y la pasión de la oración de Moisés, tenemos que pisar el mismo terreno que él pisó. Usted tiene que llegar a percibir a Dios como un fuego que todo lo consume. Debe estar de pie en su presencia y escuchar la claridad de sus irrevocables juicios y leyes. Lea nuevamente Éxodo y Levítico. Léalos en oración y con un corazón receptivo. Aunque quizás lo haya olvidado, siguen formando parte de las Sagradas Escrituras. Déjese sobrecoger por sus elevadas pautas.

> Cuando intercedemos, ¿nos afligen los juicios de Dios?

Arrodíllese, en adoración, ante la columna de fuego. Nuestra visión ha sido distorsionada; nuestros valores se han corrompido. Solo cuando permitamos que la Palabra de Dios penetre profundamente en nuestro ser, podremos percibir el pecado en toda la magnitud de su horror.

Solo entonces usted podrá advertir que ningún acto resulta demasiado drástico para acabar con el pecado, sea la cruz de Cristo o su propia tribulación. El Calvario solo cobra verdadero sentido a la luz del Sinaí. Nunca sentirá la urgencia de la intercesión, a menos que perciba el pecado desde la perspectiva de Dios mismo.

Moisés sigue intercediendo. Ha reclamado a Dios por el honor de su nombre («¿Por qué han de hablar los egipcios, diciendo: 'Para mal los sacó, para matarlos en los montes …?'») Moisés también le recuerda, como hace un buen intercesor, las promesas y pactos del propio Dios. 'Acuérdate de Abraham, de Isaac, y de Israel, tus siervos, a los cuales has jurado por ti mismo …'

> Nuestro Dios es Santo. Y es el Dios del pacto.

Hay un énfasis sutil en el ruego de Moisés. Podría haberlos mencionado como Abram, Isaac y Jacob. En lugar de eso, usa los nombres que les ha dado Dios en su pacto: Abraham, Isaac e Israel. Al hacerlo, Moisés expresa que toma muy en serio los tratos que Dios hizo con sus siervos en el pasado. Esto también nos deja una enseñanza. El Dios al que estamos llamados a orar es el Dios de Moisés, el Dios de David, el Dios de Elías, de Eliseo y de Pablo. Si él no cambia, entonces puede tratar con nosotros de la misma forma en que trató con ellos, deleitándose en mostrar la fortaleza de su brazo tanto ahora como lo hizo en aquel tiempo tan lejano. Nuestra fe descansa en el carácter inmutable de Dios, tal como se revela en sus actos en la historia de la humanidad. Dios se alegra cuando escucha a Moisés. Ha encontrado a un hombre que reconoce plenamente en él al Dios que se revela en la historia.

Reflejando el corazón de Dios

Pero Moisés todavía no está satisfecho. ¿Habrá aceptado Dios su ruego? Mientras el pueblo entierra a los muertos, él se pone nuevamente en marcha hacia la montaña cubierta de nubes. 'Quizás le aplacaré acerca de vuestros pecados', son las enigmáticas palabras con que se despide de los israelitas.

La oración que sigue luego es hermosa y conmovedora. Moisés admite con franqueza el horroroso pecado de su pueblo. 'Este pueblo ha cometido un gran pecado al hacerse dioses de oro.' No hay excusas para el pecado. Es cierto que la tentación es más difícil de resistir bajo ciertas circunstancias que en otras. Es posible que las situaciones límite nos inclinen a suavizar la ofensa. Pero el pecado es pecado. Decir que 'es mal de familia', no resulta relevante. El cáncer no es menos fatal por el hecho de que podamos explicarlo. Tampoco lo es el pecado.

Cuando contemplemos a la iglesia a nuestro alrededor, procuremos tener la misma perspectiva. El pecado es siempre pecado. Siempre es aborrecible. Podemos pedir misericordia, pero no podemos presentar como excusa las circunstancias que nos toca vivir. Dios conoce lo difícil de esas situaciones, pero estas no cambian la terrible naturaleza del pecado.

La oración de Moisés no es una expresión de crítica o de condena. Simplemente está poniendo las cartas sobre la mesa. Está desesperado. Es demasiado consciente de que la mirada de Dios lo ve todo, y no puede hacer otra cosa. También sabe muy bien que Dios tiene el derecho de hacer lo que le plazca, y sin embargo, le suplica: 'Te ruego … que perdones su pecado.' Si queremos orar como él lo hizo, tenemos que tener la misma perspectiva de los hechos que él tuvo, y la misma actitud que él mostró. No debemos condenar, pero tampoco podemos cerrar los ojos.

Luego viene la prueba decisiva del verdadero intercesor: 'Y si no, bórrame ahora del libro que has escrito.' Moisés quiere vivir o morir junto con su pueblo. No quiere ser el fundador de una nación diferente. Quizás no pueda explicar sus sentimientos, pero siente que el fin de Israel sería su propio fin.

Su oración tampoco es melodramática. Camino a la montaña tuvo tiempo de reflexionar sobre la sugerencia que le había hecho Dios, y tomó una decisión. Dios puede hacer lo que le parezca; pero su propio destino está ligado al del pueblo que condujo fuera de Egipto. Es cierto que son inconstantes y pecadores. Pero han llegado a ser el pueblo de Moisés tal como son también el pueblo de Dios. La meta de su vida es guiarlos, o morir con ellos en el desierto.

> No debemos condenar, pero tampoco podemos cerrar los ojos.

Sería muy bueno que hubiera más cristianos que contemplaran a las iglesias con la misma actitud. Tal vez admitimos, ante Dios y ante nosotros mismos, que nuestro descarado materialismo y ambición no merecen misericordia alguna de parte de un Dios justo. Pero ¿desde qué posición lo hacemos? ¿Es la iglesia infiel un 'ellos' o un 'nosotros'? ¿Estamos lo suficientemente preocupados como para morir junto con ella si descendiera el juicio de Dios? ¿Amamos a nuestros hermanos y hermanas a pesar de lo que son? ¿Siguen siendo nuestro pueblo y el de Dios?

'Porque deseara yo mismo ser anatema, separado de Cristo, por amor a mis hermanos, los que son mis parientes según la carne', escribe Pablo (Romanos 9.3). Él también adopta la posición del verdadero intercesor. No muestra una pretensión humana de desafiar los juicios de Dios; más bien, es un reflejo del propio corazón de Dios. El que murió por los pecados de la humanidad lo puso en evidencia muy claramente.

Si se la pronuncia con sinceridad, esta es una súplica que deleita a Dios. Sin embargo, es una súplica que nunca contesta. La respuesta de Dios a Moisés lo demuestra: 'Al que peque contra mí, lo borraré yo de mi libro' (Éxodo 32.33).

Sin embargo, el asunto no termina allí. El pueblo debe aprender el riesgo que significa vivir en la presencia misma de Dios, y por eso les dice: 'Yo no subiré contigo, no sea que te destruya en el camino, pues eres un pueblo muy terco' (Éxodo 33.3). Debían continuar hacia Canaán, y se les ordena despojarse de todos sus ornamentos, como señal de duelo. Moisés mismo levantó una tienda a cierta distancia del campamento principal (todavía no se había construido el tabernáculo), y la llamó Tabernáculo de Reunión. Se estableció un solemne ritual. Cuando Moisés caminaba hacia allí, toda la nación se ponía de pie y contemplaba cómo la columna de la nube se depositaba sobre la tienda, mientras Moisés entraba en ella (Éxodo 33.10). Dios ya no estaba en medio de su pueblo. Cuando la nube descendía, todo Israel postraba su rostro en el polvo.

Moisés tenía un privilegio glorioso. 'Y hablaba Jehová a Moisés cara a cara, como habla cualquiera a su compañero' (Éxodo 33.11). Aun así, no estaba satisfecho. Para la mayoría de nosotros eso hubiera sido suficiente. Si nosotros pudiéramos disfrutar de la cercanía e intimidad que compartía Moisés con Dios, ¿nos importaría que otros no gozaran de lo mismo? Para Moisés esto era fundamental. No solo pedía misericordia para el pueblo, sino la presencia de Dios en medio de ellos. Si me permiten parafrasear sus palabras: 'Está muy bien que me digas que me amas y me conoces, y que yo disfrute de tus favores. Si esto es cierto, enséñame tus caminos para que no nos abandones. Danos la oportunidad de aprender a agradarte. ¿Qué diferencia habrá entre nosotros y cualquier otro pueblo si tú ya no estás entre nosotros? ¿Cómo sabrán que gozamos de tu favor?' (Éxodo 33.12–16).

¡Si tan sólo intercediéramos así por la iglesia! ¿Por qué no está Dios presente hoy en las iglesias? ¿No será que estamos adorando a los becerros de oro de la prosperidad material, del prestigio y el reconocimiento mundanos, de los grados académicos y el poder político? Nuestros éxitos no son tanto fruto del Espíritu Santo como resultado de nuestros recursos técnicos. El mundo puede entender fácilmente por qué nos va tan bien. Tenemos la maquinaria y sabemos cómo usarla. Nuestra expansión no requiere ninguna explicación sobrenatural. ¿Quién necesita a Dios? Es nuestro emblema, nuestro logotipo. Su fotografía tiene el sitio de honor en la sala de nuestras reuniones corporativas. Pero él es el presidente emérito; y a diferencia del Israel de Moisés, ni siquiera lo extrañamos.

> La oración de Moisés refleja el corazón de Dios.

Dios respondió a esta petición de Moisés. La respondió porque él mismo había enseñado a Moisés a orar de esa forma. Dios contestó una súplica que había estado anhelando escuchar: Sí, su presencia los acompañaría.

El reflejo de la gloria de Dios

Aun así, Moisés no estaba satisfecho. Repentinamente se sintió abrumado por un anhelo que le hizo pronunciar palabras muy extrañas. Ya vimos que el amor por su pueblo era paralelo a su amor por la persona de Dios. Los dos amores no eran dos sino uno solo. Temblando por su atrevimiento, da un paso más hacia la densa oscuridad que oculta el resplandor de Dios. 'Te ruego que me muestres tu gloria' (Éxodo 33.18).

Ya no es por Israel que intercede. Moisés no podría explicar este nuevo pedido, como no hubiera podido explicar el anterior. Está envuelto en el vendaval del Espíritu y no puede evitar pedir a Dios que le muestre su gloria. Es como un hombre que se ha acercado demasiado a una mujer y encuentra que las manos le tiemblan y ha perdido control de sí mismo. Moisés anhela a Dios con una pasión que necesita ser expresada. 'Te ruego que me muestres tu gloria.'

¿Estuvo usted alguna vez en esa situación? Insisto nuevamente en que no se trata de que nos esforcemos por alcanzar cierto estado emocional. Los sentimientos vienen después de la fe. Por fe nos acercamos al Dios de las Escrituras hasta que, un día, él puede revelarse a nosotros… y entonces la pasión que inundó a Moisés nos inundará también a nosotros. Mientras tanto, no debemos preocuparnos porque eso suceda, sino centrar, por fe, nuestro interés en Cristo.

Dios concedió a Moisés su última petición, al menos hasta donde era posible. Desde una hendidura en la roca,

Moisés tuvo una fugaz percepción de las espaldas de Dios. ¿Qué imagen provocan estas palabras en su mente? ¿Qué es la gloria de Dios? ¿Es resplandor de luces y colores brillantes? ¿Tiene algo que ver con el tamaño y la magnificencia? ¿Es Dios simplemente algo grande?

Si usted ha contemplado esa gloria, aunque más no fuera la gloria de sus espaldas, las palabras resultarán pálidas y pobres para expresarlo. ¿Cómo puedo describir, por ejemplo, a qué se parece la visión de la compasión de Dios? Se parece en alguna medida a un océano oscuro, poderoso y atronador. Pero, ¿qué he dicho con eso? Mis palabras no expresan realmente la gloria; no tienen poder para hacer que usted caiga sobre sus rodillas y llore sin control al escucharlas.

Señor, quiero ver tu gloria.

Sin embargo, algo pudieron percibir los israelitas, algo más poderoso que las palabras. Cuando Moisés finalmente regresó, 'la piel de su rostro resplandecía, por haber estado hablando con Dios' (Éxodo 34.29). Y su rostro siguió brillando. La luminosidad se renovaba cada vez que entraba en la presencia de Dios, de modo que debía cubrir su rostro para que los israelitas pudieran acercarse a él. El que ha visto la gloria de Dios, la refleja.

Quizás usted piense que las experiencias de oración de Moisés están fuera del alcance de personas corrientes como usted. No se deje engañar. Moisés era débil y temeroso. Fue líder de Israel no porque lo quiso, sino porque Dios lo eligió.

Dios también lo llama a usted. Puede o no llamarlo para liderar el destino de las naciones, pero lo que Dios quiere es hablar con usted cara a cara, como con un amigo.

Quiere compartir las preocupaciones que él tiene. Quiere que usted le reclame sus promesas, y solo podrá hacerlo si realmente cree en su Palabra. Léala con una actitud abierta. Pregúntese: '¿Existe un Dios realmente así? ¿Cuál es el juicio que pronuncia sobre la iglesia de hoy? ¿Quiero realmente ser su amigo?' Por parte de él, no hay impedimento alguno. Y a la iglesia de nuestro tiempo le haría muy bien contar con algunos hombres y mujeres cuyos rostros reflejen la gloria de Dios.

David

✦ CONFESAR ✦
Y RENACER

*Ten piedad de mí, Dios,
conforme a tu misericordia;
conforme a la multitud
de tus piedades borra mis rebeliones.
¡Lávame más y más de mi maldad
y límpiame de mi pecado!,*

*porque yo reconozco mis rebeliones,
y mi pecado está siempre delante de mí.
Contra ti, contra ti solo he pecado;
he hecho lo malo delante de tus ojos,
para que seas reconocido justo en tu palabra
y tenido por puro en tu juicio.
En maldad he sido formado
y en pecado me concibió mi madre.
Tú amas la verdad en lo íntimo
y en lo secreto me has hecho comprender sabiduría.*

*Purifícame con hisopo y seré limpio;
lávame y seré más blanco que la nieve.
Hazme oír gozo y alegría,
y se recrearán los huesos que has abatido.
Esconde tu rostro de mis pecados
y borra todas mis maldades.*

*¡Crea en mí, Dios, un corazón limpio,
y renueva un espíritu recto dentro de mí!
No me eches de delante de ti
y no quites de mí tu santo espíritu.
Devuélveme el gozo de tu salvación
y espíritu noble me sustente.*

*Entonces enseñaré a los transgresores tus caminos
y los pecadores se convertirán a ti.*

Líbrame de homicidios, oh Dios, Dios de mi salvación;
cantará mi lengua tu justicia.

Señor, abre mis labios
y publicará mi boca tu alabanza,
porque no quieres sacrificio, que yo lo daría;
no quieres holocausto.
Los sacrificios de Dios son el espíritu quebrantado;
al corazón contrito y humillado no despreciarás tú,
oh Dios.

Haz bien con tu benevolencia a Sión.
Edifica los muros de Jerusalén.
Entonces te agradarán los sacrificios de justicia,
el holocausto u ofrenda del todo quemada;
entonces se ofrecerán becerros sobre tu altar.

Salmo 51

Comunión restaurada

La relación que David tuvo con Betsabé nos muestra un lado desleal de su personalidad. El poder lo había corrompido.

La decisión de dejar la guerra al mando de sus generales posiblemente se debió a la pereza. El hecho de que anduviera paseándose ociosamente por la terraza después de la siesta, en tiempo de guerra, no concordaba con su responsabilidad como monarca. El acto de mirar y codiciar a Betsabé muestra su debilidad como hombre y el abuso que hizo de sus derechos como rey. Al verla, la deseó, y ordenó que se la trajeran a palacio. Puede leerse la historia completa en 2 Samuel 11.1–12.25.

Probablemente Betsabé también tenga parte de la culpa. ¿Se daba cuenta de que podía ser vista mientras se bañaba en el jardín? ¿Quizás deseaba ser vista? No lo sabemos. Si no se había exhibido, entonces la invitación a la cámara real debió haberla puesto en una situación incómoda. Sin embargo, se requieren dos personas para cometer adulterio, sean de la realeza o no, y no vemos que Betsabé haya opuesto resistencia alguna.

De acuerdo con la ley que Dios le había dado a Israel, David había cometido dos pecados por los cuales merecía la sentencia de muerte. En un mismo acto, había tenido relaciones con una mujer durante su 'período de impureza' y había cometido adulterio con ella. Como rey debía dar ejemplo, sometiéndose a la ley, pero en cambio la había quebrantado. Si hubiese estado al mando de su ejército, el incidente nunca hubiera ocurrido.

La lección queda clara. Si estamos haciendo lo que debemos hacer, y en el momento en que debemos estar haciéndolo, es menos probable que nos expongamos a la tentación. La obediencia a Dios nos trae protección. David había perdido esa protección, y sucumbió a la tentación.

Un líder sin justificación

Ya era bastante malo lo que había ocurrido, pero no terminó allí. Los acontecimientos subsiguientes fueron sórdidos y vergonzosos. Betsabé le avisó a David que había quedado embarazada. De inmediato, David hizo regresar al marido de Betsabé del frente de combate, obviamente con la esperanza de que tuviera relaciones sexuales con ella y no sospechara que el niño había sido engendrado por otro hombre.

Pero las cosas no resultaron como David esperaba. Gentilmente, David preguntó a Urías cómo marchaba la guerra, y luego lo autorizó a que visitara a su esposa. Urías respondió que no podía disfrutar de la felicidad conyugal mientras sus hermanos israelitas soportaban los rigores de la batalla, y rehusó ir a su casa. Su negativa incluye un detalle significativo. El arca del Señor estaba con el ejército. Urías consideraba que su lugar era al lado del arca y no en la cama con su mujer. Afablemente, David le sugirió quedarse un día más en Jerusalén.

A la noche siguiente, David hizo que Urías se emborrachara y lo despidió, confiando en que el vino lograra lo que su diplomacia no había conseguido. Pero Urías no estaba lo suficientemente ebrio como para modificar sus convicciones. Durmió en el palacio, en las habitaciones de los sirvientes.

Y luego vino la secuencia más siniestra de los acontecimientos. David tomó una decisión que tendría consecuencias de muy largo alcance en su propia familia y en sus relaciones con Joab, el comandante en jefe de su ejército. Es imposible exagerar la magnitud de estas secuelas. David escribió una carta a Joab sugiriéndole que expusiera a Urías al máximo riesgo en el campo de batalla, dando a entender claramente que quería a Urías muerto. Ya conocemos el resto de la historia. Urías murió. Joab, que conocía el secreto de David, obtuvo control excesivo sobre su persona, algo de lo cual sacaría luego muy buen provecho. Betsabé fue llevada a palacio para ser consolada por David.

Pero Dios no permitió que David se quedara tranquilo con su culpa. En un dramático encuentro, el profeta Natán denunció sus pecados. Y es en esa circunstancia donde vemos aflorar las cualidades de David.

Yo me he visto en la ingrata tarea de tener que enfrentar a líderes con algún pecado cometido. Sus reacciones varían. Para muchos, la primera pregunta es: ¿Quién se lo dijo? (¡Qué canalla!) ¿Quién más lo sabe? Luego admiten: Está bien, lo hice, pero creo que exageran y tuercen las cosas.

Esos planteos reflejan una obvia preocupación por la propia imagen, y un intento de justificar la falta. En el caso de David no vemos esta reacción. A la luz de los cargos presentados por Natán, hace una sola y sencilla declaración: 'Pequé contra Jehová' (2 Samuel 12.13). No lo vemos presentar ninguna excusa. David no intenta minimizar su pecado.

Pensemos por un momento. Todos somos pecadores; quizás solo seamos conscientes de algunos de nuestros pecados, pero Dios pone su dedo sobre otros, y nos sentimos cada vez más angustiados y confundidos. Nos preguntamos cómo resolver nuestras faltas. Si usted está atrapado por la culpa, lea el Salmo 51. No hay ningún otro capítulo en las Escrituras que presente un modelo tan acabado sobre cómo debe una persona resolver la culpa.

Necesitamos un modelo así, porque los interrogantes nos aplastan. ¿Estoy realmente arrepentido? ¿Me escuchará Dios? ¿Es mi pecado tan grave que requiere un tratamiento especial? ¿Por qué lo hice?

David no intenta minimizar su pecado.

Aquí reside precisamente la belleza del ejemplo que he elegido. En el Salmo 51, nos encontramos con un crimen horrendo cometido por un hombre de Dios. Quizás quien lee estas líneas haya cometido adulterio, pero es poco probable que haya asesinado al cónyuge de su amante. Cualquiera sea su pecado, es difícil que sea peor que el de David. Sin embargo, tal vez usted siente que 'alguien en mi posición', o 'con las responsabilidades que tengo' no debiera cometer ese pecado. Recuerde que David era el rey ungido por Dios. Usted siente que su pecado es más grave porque sabía lo suficiente como para no caer en él; además, ha dado testimonio a otros, ha enseñado a otros. David también. Si alguien llegara a enterarse…

¿Si otros se enteran? Aquí está el problema. Usted no puede encarar frontalmente su pecado porque se interpone su autoestima. Su abatimiento se debe, en parte, a la humillación. Sus sentimientos de culpa se mezclan con los de vergüenza.

Quiero decirle algo: no podrá resolver el pecado a menos que lo mire de frente. Desvístalo. Arránquele el envoltorio de excusas con que ha cubierto su horrible apariencia. Retire toda la vestimenta que encubre su desnudez, y luego diga: 'Esta es la criatura que engendré. Yo, y solo yo soy responsable de esta monstruosidad.' Mírese en el espejo. La persona que le devuelve la mirada es muy capaz de volver a cometer el mismo pecado mañana. La persona que lo mira ha pecado. Dígaselo. Sea severo. Dígale, gentil pero firmemente, que esta es la clase de actos que esa persona es capaz de cometer, y que mientras no lo admita es imposible crecer hacia la santidad.

Pequé contra Dios. Esa es la idea central en el Salmo 51. Esta es la oración de contrición que David pronuncia por los actos que cometió.

Consecuencias naturales

No queda claro por qué David no fue sentenciado a muerte. ¿Se habían vuelto más permisivas las leyes relativas al adulterio? Obviamente Natán las conoce bien, porque le dice: 'No morirás' (2 Samuel 12.13).

¿Por qué no va a morir? No lo sabemos. Los comentaristas sugieren que su arrepentimiento obtuvo la misericordia divina. Sin embargo, las palabras de Natán son intrigantes: 'Jehová ha perdonado tu pecado' (2 Samuel 12.13). ¿Se refiere al niño que iba a nacer? ¿Al Cordero de Dios que iba a venir? ¿Quién iba a llevar el sufrimiento del pecado de David? Una vez más, no podemos estar seguros.

Lo que sí sabemos es que David fue perdonado. Dios escuchó su oración de confesión; sin embargo, las consecuencias naturales de sus acciones continuaron acosando la vida de David.

Sí, fue perdonado. Y usted también. Pero, igual que David, su pecado tiene consecuencias naturales, de la misma forma que, en el plano espiritual, causó la separación de Dios. Se puede resolver la alienación espiritual, pero no siempre se pueden borrar las consecuencias naturales de nuestros actos.

Uno de mis hijos estuvo involucrado, con otros amigos, en el choque de un auto. Buscó el perdón de sus pecados y supo lo que significaba tener paz con Dios. Sin embargo, tuvo que enfrentar al juez de menores; luego debió pagar por los daños, el juez sabiamente sentenció que lo pagara con su propio trabajo.

El rey David también tuvo que enfrentar las consecuencias naturales de su pecado. Por ejemplo, el embarazo no desapareció una vez que David fue perdonado. Y como ya he mencionado, el general Joab nunca olvidó que tenía atrapado a David.

Sin embargo, es aquí donde empezamos a darnos cuenta por qué David era un hombre 'conforme al corazón de Dios'. No son las consecuencias sociales y políticas las que más preocupan a David. Lo que añora es la comunión con Dios; es por lo que más suplica. Quizás queden dañadas o destruidas otras relaciones, pero su relación con Jehová debe mantenerse intacta. 'Ten piedad de mí, Dios, conforme a tu misericordia; conforme a la multitud de tus piedades borra mis rebeliones. Lávame más y más … límpiame …'

David anhela la comunión con Dios.

Ya me referí anteriormente a las excusas que la gente da por sus pecados. Si usted ha pecado, no puede cambiar ese hecho. La razón por la cual Dios lo perdona nunca es 'porque, dadas las circunstancias, prácticamente no se lo puede culpar'. Las situaciones difíciles que nos toca enfrentar no son la base de su misericordia. La única esperanza de ser perdonado es el carácter de Dios. 'Ten piedad de mí, Dios, conforme a tu misericordia; conforme a la multitud de tus piedades …' El pecado que usted cometió podría ser tan miserable o tan horrible como el de David. Sepa que su única esperanza está en Dios. Solo él puede perdonarlo y limpiarlo, porque él es Dios, no porque usted merezca otra oportunidad. Ninguno de nosotros la merece, pero Dios es 'justo y salvador' (Isaías 45.21).

Quiero subrayar este punto porque, en la medida en que intentamos justificar nuestras faltas, demostramos que no estamos confiando en la justicia de nuestro Salvador. Estamos expresando que merecemos una consideración especial, cuando en realidad no merecemos otra cosa que la muerte. Somos perdonados por la única razón de que nuestro pecado fue cargado y condenado sobre otra persona.

Cuando nos presentamos a Dios con nuestro pecado tenemos que optar: o nos justificamos a nosotros mismos, o justificamos a Dios. No podemos adoptar ambas actitudes. Si yo tengo razón, entonces Dios está equivocado. Si digo: 'No me condenes, porque no soy totalmente responsable por lo que hice', estoy desafiando los rectos juicios de Dios. Sea que me dé cuenta o no, estoy diciendo que Dios se equivoca. En realidad no le estoy pidiendo a Dios que me perdone sino que me disculpe, que es otra cosa muy distinta. En cambio, admitir mi total responsabilidad es, a la vez, admitir que Dios es justo.

David eligió justificar a Dios y no a sí mismo. 'Porque yo reconozco mis rebeliones … para que seas reconocido justo en tu palabra.' La verdadera confesión consiste en aceptar lo que Dios declara respecto a mis acciones.

Las dos dimensiones de la justicia

La técnica que usó Natán para confrontar dramáticamente a David con su pecado fue magistral. Le relató a David una historia acerca de un hombre pobre cuyo único capital y consuelo era una ovejita que dormía cada noche en su regazo. Un día, un hombre rico se adueñó de la ovejita y la mató para servir una comida a sus invitados. Mientras narraba la historia, Natán trabajó hábilmente la ira de David. En la denuncia que siguió, podríamos haber esperado que Natán reprochara amargamente a David por los males que había cometido contra Urías y Betsabé. Pero si bien se mencionan ambas faltas, el énfasis no está en ellas. '¿Por qué, pues, tuviste en poco la palabra de Jehová, haciendo lo malo delante de sus ojos?' (2 Samuel 12.9). 'Por cuanto menospreciaste [a Dios] … con este asunto hiciste blasfemar a los enemigos de Jehová …' (2 Samuel 12.10, 14).

Tendemos a considerar el pecado en su contexto social y no en su contexto divino. Las relaciones humanas son para nosotros mucho más importantes que nuestra relación con Dios. Por eso nos resulta chocante la confesión de David, cuando afirma: 'Contra ti, contra ti solo he pecado, y he hecho lo malo delante de tus ojos.' Nosotros protestamos: '¿Solo contra Dios? ¿Y su pecado contra Urías?'

Nos equivocamos. Dios es Dios de pobres y desamparados. Él es el Dios del hombre cuya única posesión era una ovejita. Dios es el Dios de Urías y Betsabé. Al hacerles mal a ellos, David ha hecho algo más monstruoso aun: ha ofendido y burlado a quien se declara Dios de esas personas. Asesinar a Urías era cometer un crimen blasfemo contra el Dios de Urías. El asesinato, por terrible que pudiera parecer, no se compara con el desafío de David a su Hacedor.

Natán lo sabía. David también lo sabía. Nosotros, en cambio, no logramos advertir por qué el mal que le hacemos a nuestro prójimo es tan malo. Nuestro Dios es demasiado pequeño, y nuestro concepto del pecado, demasiado liviano. Usamos a Dios como un sello con el que ponemos la marca de aprobado o desaprobado; pero él es el Santo y Poderoso Defensor de los oprimidos, los marginados, los débiles. El pecado social es un pecado contra la persona de Dios.

La conciencia de David lograba acallar de alguna forma la cuestión del asesinato. Pero asesinar a un hombre que pertenecía a Dios era algo completamente diferente. David tuvo que encontrarse, cara a cara, con el rostro de un Dios airado.

Nuestro pecado es mucho más grave que el asesinato y el adulterio, tal como los evalúa la sociedad. Nuestra falta es un desafío al Creador y Todopoderoso, cuyas leyes hemos quebrantado.

¿Ha considerado usted desde esta perspectiva las faltas que comete hacia otras personas? ¿Al herir a su hermano, se da cuenta que está afrentando al Dios de su hermano? Dios se ha declarado responsable del bienestar de su hermano. Es malo patear al perro de mi vecino, pero ¡pobre de mí si mi vecino me pesca haciéndolo! Con toda seguridad, considerará la ofensa no solo como una herida causada a su mascota, sino como una afrenta a sí mismo.

Lejos de minimizar su falta contra Urías, David la está considerando a la luz de algo mucho más serio, y nosotros haríamos bien en imitarlo. Dios es el guarda de nuestro hermano. Él es el Dios del muchacho o la joven que usted ha seducido, del vecino al que ha desairado, del cliente al que ha estafado. La falta contra un prójimo es un pecado contra Dios.

Quién tiene la culpa

David avanza un poco más. No solo confiesa su pecado sin intentar justificarse en absoluto; también reconoce toda la gravedad de su falta, se encomienda a la misericordia de Dios, y admite que la corrupción reside en la esencia de su propia naturaleza. Reconoce que ha pecado contra Dios y que no tiene esperanza, a causa de su naturaleza pecaminosa: 'He aquí, en maldad he sido formado, y en pecado me concibió mi madre.'

No lo dice como una excusa. Más bien, lo que hace es deplorar su condición. Reconoce que no puede decir: 'Si me perdonas esta vez, no lo volveré a hacer.' Necesita de la misericordia de Dios no solo por lo que ha hecho sino por lo que es.

Nuestra pecaminosidad nunca es una excusa para pecar. Es cierto que tenemos una naturaleza caída. Como Pablo, anhelamos que la mortalidad se revista de inmortalidad. Somos miserables, y el pecado nos vence. No sabemos cómo hacer para superar nuestra debilidad. Es importante reconocerlo, no como una manera de excusarnos, sino en reconocimiento de nuestra absoluta pecaminosidad.

Esa confesión no nace de tener lástima de nosotros mismos. Es inútil decir: 'Nunca lograré nada. Estoy totalmente corrompido y nunca podré dejar de pecar.' No sea soberbio. No debemos culpar a Dios, y eso es justamente lo que hacemos cuando hablamos de esa manera. Usted está amargado porque se siente mal consigo mismo. Y mientras siga amargado y resentido, mientras no pueda aceptarse tal como es, no podrá confesarlo a Dios. Solo podrá quejarse, y la queja nunca conduce a la salud. La confesión, sí.

Las ciencias de la conducta nos ofrecen una salida aparente. Somos lo que somos, declaran, por lo que ha ocurrido en nuestro pasado. Somos el producto final del aprendizaje, del ambiente, de la herencia, o de alguna otra cosa. Por lo tanto, tenemos todo el derecho de culpar por nuestros defectos a nuestros padres, a nuestros hermanos, a la sociedad en general, y aun al Estado. La doctrina del pecado original, cuando se la enseña equivocadamente, puede aportar una excusa similar.

El verdadero hijo de Dios acepta su responsabilidad por lo que es. Al decir que ha sido concebido en pecado, David no está culpando a sus padres. Simplemente está reconociendo la realidad. El énfasis de su oración indica que acepta toda su responsabilidad.

A muchos de nosotros nos cuesta hacer esto. Preferimos encontrar razones que expliquen nuestra conducta, que diluyan nuestra responsabilidad por lo que somos. Sin embargo, nos guste o no, somos responsables por lo que somos tanto como somos responsables por lo que hacemos. La tragedia es que, hasta que no aceptemos nuestra responsabilidad, no podemos recibir ayuda.

Usted dirá: '¿Cómo puedo ser responsable por lo que soy cuando son otros los que me han hecho así?' Quizás una sencilla ilustración nos ayude. Supongamos que usted hereda una gran propiedad de su padre pero pesan muchas deudas sobre ella. Usted conversa

> Mientras no pueda aceptarse tal como es, su confesión no será completa.

sobre el asunto y piensa que con energía y nuevas ideas, podrá enmendar las dificultades financieras. Pero falla. Fracasa, en parte, porque no es tan laborioso ni tan habilidoso como lo pensaba, y además, porque cuando comenzó algunas circunstancias jugaban en su contra.

Podría decir: 'No es culpa mía. Si mi padre no lo hubiera embrollado todo yo no me encontraría en semejante problema ahora.' Pero el hecho es que lo está. Su explicación no va a satisfacer a los acreedores. Culpar a su padre puede consolarlo a usted, a su amor propio herido, pero no modificará las deudas. No le queda otra alternativa que aceptar su responsabilidad por ellas. En realidad, sea que enfrente la bancarrota o no, la única actitud que le dará paz mental, y de hecho la única actitud madura, será expresar: 'Admito que no tengo escapatoria. Las excusas no ayudan. No me queda otra alternativa que hacerme cargo de todo.' Encare la realidad de su pecado frontalmente; deje caer sus defensas, y luego Dios podrá ayudarlo.

Las manchas del leopardo

En este aspecto, la Corte celestial tiene ventajas sobre cualquier otra corte terrenal. A un condenado a quien se acusa de un crimen se le puede preguntar: '¿Hay alguna otra falta que usted desearía le sea tomada en cuenta?' Quizás lo favorece de alguna forma reconocer las violaciones que haya cometido contra la ley. Pero la ley y sus instituciones 'correccionales' no pueden hacer nada a favor del preso que declara: 'Tengo una naturaleza criminal desde que nací.' Nos gustaría que se pudiera hacer algo, y de hecho hay fiscales, psicólogos y psiquiatras que hacen todo lo que pueden por cambiar las manchas al leopardo. Pero en realidad, solo la gracia milagrosa de Dios puede limpiar una naturaleza manchada. De hecho, ni siquiera la gracia divina resulta efectiva, a menos que percibamos y admitamos que somos pecadores por naturaleza.

No tendríamos esperanza alguna si no fuera porque Dios quiere limpiarnos por dentro. De la misma forma que una persona enamorada de las plantas disfruta cuidando las delicadas hojas y flores, a Dios le complace dedicarse a limpiar el interior de sus criaturas.

'Tú amas la verdad en lo íntimo' (Salmo 51.6) Ese es su deleite. Dios se acerca, observa su progreso y su desarrollo con gozoso entusiasmo. No importa cuán engañoso y oscuro sea su corazón, a Dios le entusiasma limpiarlo. Le gusta hacerlo con suavidad, pero no rehúsa usar métodos más drásticos cuando hace falta. 'Purifícame con hisopo', le ruega David, aludiendo al hisopo que se usaba para rociar la sangre en la purificación ritual. Para nosotros esas palabras alcanzan un significado más profundo. Nuestros corazones pueden ser rociados y purificados de la conciencia pecaminosa con la sangre de Jesús (Hebreos 9.13–14). Él murió por nosotros, y eso es suficiente. Los pecados que confesamos son purificados, no por la magnitud de nuestra confesión sino por la total aceptación de Dios hacia nuestro perfecto Redentor. Cuando oramos: 'Crea en mí, oh Dios, un corazón limpio', no estamos rogando a un Dios que se resiste a llevar a cabo una tarea desagradable; sencillamente, nos rendimos al ardiente anhelo de quien se deleita en limpiar los corazones, también el nuestro.

> No tendríamos esperanza alguna sino fuera porque Dios quiere limpiarnos por dentro.

¿Pero qué significa exactamente ser limpiado por dentro? ¿Significa que la tendencia pecaminosa natural será eliminada? Sería extraordinario que así fuera, pero tenemos que cuidarnos de una perspectiva simplista del pecado y su solución. El pecado es como la suciedad que se pega en el horno, y que los productos limpiadores que actúan durante la noche eliminan con tanta eficiencia.

> **Crea en mí un corazón limpio.**

¡Rocíe su horno la noche anterior, límpielo con una rejilla a la mañana siguiente, y tendrá una cocina reluciente! En este sentido, Dios lo limpiará completamente del pecado. La suciedad y la mugre serán eliminadas como una capa de espuma, y usted estará completamente limpio. Sin embargo, ningún producto limpia–hornos puede impedir que se forme nuevamente la suciedad. El perdón de Dios no lo libera de las tendencias pecaminosas.

Cambiando la metáfora, se puede limpiar la infección de una herida, pero la herida misma sigue estando allí; hasta que sane totalmente, puede volver a infectarse. El pecado puede reaparecer a causa de nuestras enfermedades espirituales, y la primera medida será siempre limpiar la herida a fondo. Con el tiempo, vendrá la curación y el crecimiento del tejido nuevo. Pero no se adelante a Dios. Estamos tratando con el pecado, con infección, con pus. La limpieza, incluso una limpieza reiterada, precede a la curación y a la restauración. El primer proceso es instantáneo; además, prepara el camino para el segundo proceso. Pero, desafortunadamente, no lo puede garantizar a menos que volvamos a nuestro médico celestial cada vez que tengamos pus en la herida.

Pero, ¿cuántas veces limpiará el pecado que confieso? ¿Siete veces? Nada de eso; le aseguro que lo hará 'setenta veces siete'.

¿Será completa la limpieza? 'Esconde tu rostro de mis pecados', ruega David, 'y borra todas mis maldades.' Eso es exactamente lo que Dios hará. No verá más nuestros pecados. Nos verá solamente a nosotros, en la persona de su Hijo. Será como si nuestros pecados nunca hubieran existido.

Con la limpieza, llega la renovación de la comunión y del gozo. Fuimos creados para la comunión, y sin ella nuestras vidas estarán incompletas. Somos como las flores que aman el sol, y empalidecen a la sombra. 'Hazme oír gozo y alegría, y se recrearán los huesos que has abatido ... Vuélveme el gozo de tu salvación.'

El peor efecto del pecado es la alienación, la separación de Dios y de su pueblo. Esta separación es la que aplasta nuestro espíritu y nuestros huesos. Estamos rodeados por la multitud, pero el peso de nuestra soledad nos hace arrastrar los pies fatigosamente. Dios parece muy distante. Su Espíritu está apenado y silencioso. En *El progreso del peregrino*, de Bunyan, el pecado tenía la forma de un bulto atado a las espaldas de Cristiano, atrapado en el pantano de la Desesperación. Cuando estamos en esas condiciones, ¡cómo no sentir los huesos aplastados!

Podemos identificarnos con David. Dios oye el clamor del corazón solitario, y se apresura a restaurarlo. 'No me eches de delante de ti y no quites de mí tu santo espíritu.' David sabía en qué forma el pecado había roto su comunicación con Dios. David era un hombre 'conforme al corazón de Dios', porque su prioridad era tener comunión con él. No era solamente limpieza lo que estaba suplicando, sino una limpieza que le abriera las puertas a la comunión restaurada. Con esa comunión, volverían también la vida, el vigor, el gozo.

El sacrificio aceptable

David también se dio cuenta de que ofrecer un sacrificio no es suficiente. Podría haber cumplido con el rito de la ofrenda por el pecado, o presentar la ofrenda quemada, pero era necio seguir justificando sus faltas o creer que el sacrificio de un animal podía satisfacer a Dios. 'Los sacrificios de Dios son el espíritu quebrantado; al corazón contrito y humillado no despreciarás tú, oh Dios.' David no sabía nada acerca del Cordero de Dios que habría de quitar el pecado del mundo. Pero sí se daba cuenta de que los rituales religiosos no podían reemplazar una actitud interna correcta hacia Dios y hacia el pecado.

Nosotros olvidamos fácilmente esta verdad. Tratamos de compensar nuestros pecados recurriendo a sacrificios propios de nuestra época. Nos esforzamos más, nos mostramos más bondadosos con la persona a la que hemos lastimado, hacemos oraciones más largas y frecuentes. Pero ninguna de esas cosas es aceptable a Dios. Él quiere un espíritu quebrantado, un corazón contrito. Simplemente quiere que digamos: 'No hay nada que yo pueda hacer para compensar las faltas cometidas. Lo que hice, solo tú puedes ponerlo nuevamente en orden.' Como Lady Macbeth, en la obra de Shakespeare, refregamos nuestras manos manchadas, exclamando: '¡Vete, mancha inmunda!' cuando en realidad lo único que podemos hacer es mostrarle la mancha a Dios y decirle: 'No puedo limpiarla.'

David también sabía (porque al orar recordaba su relación previa con Dios) cómo nace la alabanza en un corazón liberado de la culpa. Conocía la espontaneidad y la autenticidad que había en el testimonio de un hombre libre. 'Entonces enseñaré a los transgresores tus caminos y los pecadores se convertirán a ti… cantará mi lengua tu justicia.'

Yo había conocido el evangelio, y por mi predicación se habían convertido muchas personas. Sin embargo, pasaron varios años antes de que yo mismo realmente llegara a comprender la gracia de Dios. Cuando descubrí la realidad del pecado y la profundidad del perdón de Dios, no solo me vi liberado de una conciencia que me seguía aplastando sino que creció en mí el espíritu de alabanza y gratitud, y me sentí más libre para compartir mi alegría con otros.

> Con el perdón
> vuelven
> el gozo y
> la alegría.

Solo Dios puede abrir nuestros labios para que lo alabemos, y se deleita haciéndolo. 'Señor, abre mis labios, y publicará mi boca tu alabanza.' Los prisioneros liberados cantan y gritan de alegría. Cuando se alivia nuestra carga, nuestros espíritus se llenan y nuestros labios se abren. Repentinamente nos volvemos conscientes de la iglesia que nos rodea, y oramos con nuevo vigor por nuestros hermanos. Como exclama David en los versículos finales, 'Haz bien con tu benevolencia a Sión. Edifica los muros de Jerusalén. Entonces te agradarán los sacrificios de justicia.'

¿Cuándo escribió David este salmo? ¿Antes o después que muriera su hijo? Pienso que fue antes. Su ruego por la vida del niño, en oración y ayuno, seguramente fue sincera (2 Samuel 12.16); pero la muerte del bebé no encontró a David deprimido, sino preparado para encarar la vida con gozo y confianza en Dios. Lo aguardaban muchos problemas, conflictos familiares y políticos que hubieran amargado a cualquiera. Pero David había descubierto el secreto de la comunión restaurada con Dios, y por eso todavía se lo considera como el rey más grande que haya gobernado a Israel.

Daniel

✦ TEN LA VISIÓN DE ✦ UN HOMBRE FIEL

*E*n el primer año de Darío hijo de Asuero,
de la nación de los medos, que vino a ser rey sobre
el reino de los caldeos, en el primer año de su reinado,
yo, Daniel, miré atentamente en los libros el número de los años
de que habló Jehová al profeta Jeremías, en los que habían de
cumplirse las desolaciones de Jerusalén: setenta años. Volví
mi rostro a Dios, el Señor, buscándolo en oración y ruego, en
ayuno, ropas ásperas y cenizas. Oré a Jehová, mi Dios, e hice
confesión diciendo: 'Ahora, Señor, Dios grande, digno de ser
temido, que guardas el pacto y la misericordia con los que te
aman y guardan tus mandamientos, hemos pecado, hemos
cometido iniquidad, hemos actuado impíamente, hemos sido
rebeldes y nos hemos apartado de tus mandamientos y de tus
ordenanzas. No hemos obedecido a tus siervos los profetas, que
en tu nombre hablaron a nuestros reyes, a nuestros príncipes, a
nuestros padres y a todo el pueblo de la tierra. Tuya es, Señor,
la justicia, y nuestra la confusión de rostro que en el día de hoy
lleva todo hombre de Judá, los habitantes de Jerusalén y todo
Israel, los de cerca y los de lejos, en todas las tierras adonde los
has echado a causa de su rebelión con que se rebelaron contra ti.
Nuestra es, Jehová, la confusión de rostro, y de nuestros reyes,
de nuestros príncipes y de nuestros padres, porque contra ti
pecamos. De Jehová, nuestro Dios, es el tener misericordia y el
perdonar, aunque contra él nos hemos rebelado y no obedecimos
a la voz de Jehová, nuestro Dios, para andar en sus leyes, que
él puso delante de nosotros por medio de sus siervos los profetas. Todo Israel traspasó tu Ley, apartándose para no obedecer
a tu voz. Por lo cual ha caído sobre nosotros la maldición y el
juramento que está escrito en la ley de Moisés, siervo de Dios,
porque contra Dios pecamos. Y él ha cumplido la palabra que
habló contra nosotros y contra nuestros jefes que nos gober-
naron, trayendo sobre nosotros tan gran mal; pues nunca fue

*hecho debajo del cielo nada semejante a lo que se ha hecho con-
tra Jerusalén. Conforme está escrito en la ley de Moisés, todo
este mal vino sobre nosotros; pero no hemos implorado el favor
de Jehová, nuestro Dios, y no nos hemos convertido de nuestras
maldades ni entendido tu verdad. Por tanto, Jehová veló sobre
el mal y lo trajo sobre nosotros; porque justo es Jehová, nuestro
Dios, en todas sus obras que ha hecho, y nosotros no obedecimos
a su voz. Ahora pues, Señor, Dios nuestro, que sacaste a tu
pueblo de la tierra de Egipto con mano poderosa y te hiciste renombre cual lo tienes hoy, hemos pecado, hemos actuado impíamente. Señor, conforme a todos tus actos de justicia, apártese
ahora tu ira y tu furor de sobre tu ciudad Jerusalén, tu santo
monte; porque a causa de nuestros pecados y por la maldad de
nuestros padres, Jerusalén y tu pueblo son el oprobio de todos
los que nos rodean. Ahora pues, Dios nuestro, oye la oración y
los ruegos de tu siervo, y haz que tu rostro resplandezca sobre
tu santuario asolado, por amor del Señor. Inclina, Dios mío,
tu oído, y oye; abre tus ojos y mira nuestras desolaciones y la
ciudad sobre la cual es invocado tu nombre; porque no elevamos
nuestros ruegos ante ti confiados en nuestras justicias, sino en
tus muchas misericordias. ¡Oye, Señor! ¡Señor, perdona! ¡Presta
oído, Señor, y hazlo! No tardes, por amor de ti mismo, Dios
mío, porque tu nombre es invocado sobre tu ciudad y sobre tu
pueblo.'*

Daniel 9.1–19

El hombre amado por Dios

Hemos visto que la oración es la respuesta a la iniciativa de Dios. Hasta aquí hemos tratado con oraciones pronunciadas por hombres con quienes Dios habló de manera directa. Abraham veía a Dios cara a cara. Jacob luchó con Dios. David fue confrontado por un profeta.

En el caso de Daniel, la iniciativa es menos obvia. 'Yo, Daniel, estaba estudiando en el libro del profeta Jeremías…' (Daniel 9.2, VP). Cuando la Palabra escrita se apoderó de sus pensamientos, sintió el impulso de orar.

Sin embargo, no hay ninguna diferencia esencial entre Abraham y Daniel en este aspecto. Casi podemos escuchar a Dios hablando, cuando le dice a Abraham: '¿Encubriré yo a Abraham lo que voy a hacer?' (Génesis 18.17). Sólo difiere el medio de comunicación. En el caso de Abraham era la Palabra hablada; en el de Daniel, la Palabra escrita. Pero fue el mismo Dios el que habló, y con idéntico propósito: convocar a sus siervos a la oración.

Si se nos diera a elegir, sin duda preferiríamos las visiones y las voces. Para nuestra imaginación poco adiestrada, parecen mucho más satisfactorias. Sin embargo, si reflexionáramos por un instante, deberíamos cambiar de opinión.

Una visión desaparece. Se va. Uno queda preguntándose: ¿Me sucedió realmente? Lo mismo es cierto respecto a una voz, sea la de Dios o de cualquier persona.

Con el paso del tiempo va disminuyendo la confianza en las experiencias subjetivas (escuchar voces, ver visiones). Cuanto más racional es la persona, más se aplica esta regla. Son las personas inestables, paranoicas, enfermas, las que se aferran a lo subjetivo en lugar de la realidad objetiva. ¿Acaso no fue Jesús mismo quien nos hizo recordar que si no estamos dispuestos a creer a Moisés y a los profetas, tampoco creeríamos aunque resucitaran los muertos (Lucas 16.31)?

Igual que a Daniel, se nos ha dado la Palabra escrita y el estímulo del Espíritu. Si bien es cierto que hay aspectos subjetivos en cuanto a la lectura de las Escrituras, las palabras no van a desaparecer ni cambiarán su significado. A veces (pero no siempre) les faltará la especificidad de la palabra hablada. Pero lejos de ser menos tangibles, en realidad lo son más.

Daniel no necesitaba oír una voz. Se sintió atrapado por la promesa escrita de Dios: esta envolvía sus pensamientos y se resistía a marcharse; le creaba una tensión interior. Los hechos que observaba a su alrededor contrastaban con las palabras escritas 'en los libros'. La situación política reinante frustraba toda esperanza de regresar a la tierra natal. Sin embargo, las palabras eran muy claras.

Entre la Palabra y el mundo

No hubiera surgido conflicto alguno si Daniel hubiera tomado la Palabra de Dios superficialmente, o no hubiera sentido preocupación por su pueblo. La falta de clamor a Dios en la iglesia contemporánea quizás indica nuestra falta de conflicto interior entre la Palabra de Dios y la realidad que nos toca vivir. La Palabra es la Palabra y los diarios son los diarios, y jamás llegan a encontrarse, al menos no dentro de nuestro espíritu.

La preocupación de Daniel tenía una dimensión profética, pero no es esta dimensión a la que me refiero. Para muchos creyentes, el juicio, la ira y la misericordia del Dios de las Escrituras son 'cuentos, exclamaciones de algún idiota furioso y desorbitado', que carecen de sentido en el mundo de todos los días. No lo diríamos con esas palabras, pero en realidad es así como pensamos. Si no fuera así, ¿cómo se explica que soportemos la intolerable tensión que hay entre lo que está escrito y lo que realmente sucede? ¿Por qué, por ejemplo, no nos afecta en absoluto leer que Dios no quiere que 'ninguno perezca, sino que todos procedan al arrepentimiento' (2 Pedro 3.9), cuando hay millones de personas a nuestro lado que se deslizan sin saberlo hacia la condenación? Las especulaciones acerca de la voluntad 'permisiva' de Dios no vienen al caso. La oración de Daniel nació de la tensión entre la verdad escrita de Dios y el mundo que contemplaba a su alrededor. La mayoría de nosotros no llega a experimentar esa tensión. La Palabra se desliza por arriba de nosotros y el mundo se desliza por nuestro costado.

La tensión a la que me refiero puede presentarse en una circunstancia específica. Un mandamiento o una promesa de las Escrituras pueden vincularse con una situación actual en su propia vida. Por ejemplo, usted debería, de acuerdo con las Escrituras, perdonar a Elena. Quizás usted razone: 'No puedo perdonarla. He probado, pero mis sentimientos de hostilidad no desaparecen.' Sin embargo, las Escrituras golpean su conciencia: 'De la manera que Cristo os perdonó, así también hacedlo vosotros' (Colosenses 3.13).

Cuando las Escrituras y su experiencia entren en conflicto, no escape de la tensión. Permita que esta tensión energice su oración sincera. En la vida cristiana necesitamos más tensión, no menos, si queremos hacer la voluntad de Dios.

La tensión es la 'bestia maldita' de la vida moderna. Se nos recomienda evitarla a cualquier costo. Se recetan fármacos y sesiones de psicoterapia para reducir las tensiones. Practicamos yoga, meditación trascendental, caminamos, reordenamos nuestra agenda… todo con la expectativa de vivir tranquilos y mantener bajo control a ese terrible enemigo. Hasta contamos con técnicas 'cristianas' para evitar las tensiones.

> **Permita que las tensiones de la vida pongan en marcha su oración.**

No quiero condenar en bloque todos estos esfuerzos. Hay cierta tensión que es innecesaria y destructiva. Pero la tensión en las cosas espirituales puede ser creativa y generadora de vida. Mientras Daniel luchaba con la tensión entre la Palabra de Dios y la 'realidad', no hizo esfuerzo alguno por aliviar su tensión personal. No se presentó al Señor como si buscara psicoterapia. De hecho, su acercamiento a Dios podría haber aumentado la tensión. Daniel tenía un enfoque lleno de motivación: tenía la firme decisión de que la 'realidad' del mundo debía ser adaptada a la realidad de la Palabra de Dios. Estaba dispuesto a no rendirse hasta encontrar la solución, no importa cuánto esfuerzo requiriera. Se entregaría a la oración, a la súplica, y aun al ayuno, hasta alcanzar algún resultado. Sensible a la posibilidad de su propia culpa y responsabilidad en el conflicto que percibía entre lo que era la realidad y lo que debía haber sido, se vistió de cilicio (una señal de duelo) y volcó ceniza sobre su cabeza. Daniel no estaba haciendo una farsa religiosa. Lo suyo era muy serio. La tensión en su espíritu lo movía a buscar una solución a cualquier precio.

Expectativa y ansiedad

Hasta aquí he hablado solo en términos generales acerca del conflicto entre la Palabra de Dios y el mundo en el que Daniel vivía. En principio, se trata simplemente de la profecía de Jeremías de que Jerusalén permanecería desolada por setenta años. Los setenta años ya se habían cumplido, pero nada había sucedido.

Sin embargo, cuando examinamos la oración, vemos que el tema es mucho más profundo que el aparente fracaso de una profecía. Se remonta al Dios que está detrás de esa profecía. Los setenta años no eran más que una parte del todo.

Supongamos que alguien que usted conoce bien y en quien confía totalmente, digamos un amigo, le escribiera anticipando que va a llegar por avión para pasar unos días de visita. Supongamos que Pedro le avisa el horario de llegada y el número de vuelo. Si el avión llega sin su amigo, usted se va a preocupar. Hará averiguaciones en la oficina de la línea aérea. Esperará el próximo vuelo y quizás uno o dos más. 'Algo debe haber pasado —se dice usted—. Pedro no haría algo así.' La tensión planteada le llevará a hacer llamadas telefónicas, a dejar mensajes en el aeropuerto y a dar todos los pasos que estén a su alcance para averiguar qué ha sucedido, y para estar preparado para cualquier contingencia.

Por otro lado, si Pedro fuese una persona totalmente distraída y poco confiable, si más de una vez hubiera fallado o hubiese aparecido un mes después de lo que originalmente había planeado, usted se sentiría mucho menos preocupado por todo el tema.

Mucho antes de que fueran llevados cautivos, el profeta Jeremías, había advertido reiteradamente al pueblo que el juicio se aproximaba. Lo que es más importante, las profecías de Jeremías eran en sí mismas parte de un todo mayor. Desde los tiempos de Moisés en adelante, se habían alternado anuncios de advertencia y de promesas, y los clarines habían estado sonando con cada uno de los sucesivos profetas. Las promesas y advertencias reflejaban el carácter de Dios, y de su pacto con el pueblo.

Daniel confía en el carácter de Dios y en sus promesas.

Daniel no se estaba aferrando a un versículo aislado. Había observado el desarrollo total de las Escrituras. Y detrás de ellas, percibía el corazón de la Palabra: esta era la revelación del carácter de Dios, de sus propósitos y sus actitudes hacia su pueblo. Una cosa es recibir una carta de un amigo descuidado que dice: 'Pasaré en algún momento a verte la próxima semana.' Otra muy distinta es recibir una carta del esposo o la esposa a la que ha conocido y amado durante cincuenta años, diciéndole: 'Llegaré a casa el miércoles de la próxima semana.'

En un sentido, los setenta años en Daniel no tienen importancia en sí mismos, como no lo tiene el día miércoles en caso de que el cónyuge amado no llegara. El asunto crucial es este: ¿Quién hizo la promesa? ¿Cómo se ha comportado él o ella en el pasado? ¿Qué pudo haber ocurrido para que alguien a quien conozco tan bien, alguien que nunca antes me ha fallado, lo haga ahora?

Es comprensible, entonces, que Daniel no mencione ni siquiera una vez el período de setenta años en su intercesión. De hecho, su oración se ocupa de promesas de otra índole, promesas (o amenazas) respecto a lo que Dios siempre había dicho que haría si su pueblo persistía en el pecado. Por sobre todas las cosas, su intercesión se refiere a Dios mismo.

¿No es lógico que así sea? Si pasa el miércoles, llega el jueves, ¿qué es lo que inunda la mente de la angustiada esposa? 'Estoy segura de que tiene que haberle pasado algo. Enrique siempre llama. Trataría de avisarme de alguna forma.' Es el carácter que conoce en su esposo lo que origina su ansiedad.

Observe la preocupación que tiene Daniel por el carácter de Dios: 'Señor, Dios grande, digno de ser temido.' Para Daniel, Dios era absoluta y totalmente confiable. Era el Dios cuya majestuosidad llenaba el universo, el Dios que había enseñado a su propio pueblo a respetarlo, por sus hechos poderosos y sus juicios temibles, Dios que 'guardas el pacto y la misericordia con los que te aman y guardan tus mandamientos'.

Ese es el Dios al que se dirige Daniel. Ese es el carácter del que es totalmente consciente. ¿Siente usted que el carácter de Dios sacude su imaginación? ¿Lo conoce como el Dios que ahogó las huestes egipcias en el Mar Rojo? ¿Como el Dios que juzga la idolatría de su pueblo con extrema severidad? ¿Como el Dios cuyos pactos son inviolables y cuyo poder no tiene fin? ¿Como el Dios que nunca rompe una promesa?

'Tuya es, Señor, la justicia.' Para Daniel no había incongruencia alguna entre la severidad y la misericordia de Dios. Se acerca a Dios sin ningún reproche en los labios.

Han pasado setenta largos años, pero Daniel sabe que su Dios tiene un carácter irreprochable. Los ruegos, las súplicas de intercesión, solo pueden nacer del corazón de un hombre o una mujer que han llegado a conocer a Dios. Y si usted quiere conocer a Dios como Daniel lo conocía, debe pasar tiempo 'estudiando en el libro', meditando en la Palabra, mientras el Espíritu Santo ilumina el rostro de Cristo ante sus ojos.

Nada de dicotomías

El conocimiento que Daniel tenía de Dios le hacía tener muy presentes los pecados de su pueblo. A la luz de los reiterados mandamientos y advertencias de Dios, de sus santas leyes y su increíble paciencia, los pecados de Israel parecían aun más atroces. Daniel se sobrecoge al pensarlo. Se siente abrumado y deprimido. Un torrente de culpa brota de sus labios. 'Hemos pecado, hemos cometido iniquidad, hemos actuado impíamente, hemos sido rebeldes, y nos hemos apartado de tus mandamientos y de tus ordenanzas… nuestra la confusión de rostro… porque contra ti pecamos.'

Espere un momento. ¿Qué clase de confesión es esta? ¿Quién es este hombre de cuyos labios brotan tan terribles palabras? ¿No es Daniel, cuya pureza e integridad son un contraste con la total corrupción de los paganos? ¿Acaso no se reconoce públicamente su santidad, a pesar de la oposición que lo acosaba? ¿Qué de su vida de oración, de su pureza? ¿Cómo puede orar un hombre así, y decir: 'Hemos pecado'? Si alguien tiene derecho a declarar: 'Mi pueblo ha pecado', y omitir su propio nombre en la confesión, ese es Daniel.

Pero él no hace esa distinción. No cabe en su pensamiento la dicotomía nosotros/ellos. Él y su pueblo son uno.

Él hace duelo por los pecados de su pueblo, aun por los que han muerto, como si fueran parte de sí mismo. 'Tuya es, Señor, la justicia, y nuestra la confusión de rostro.'

Aquí hay un secreto para todo el que anhele ser intercesor. No debe orar: 'Ten misericordia de ellos, Señor', sino: 'Ten misericordia de nosotros.' Usted podrá objetar, diciendo: '¿Cómo puedo identificarme con los incrédulos? Soy cristiano. Muchas de las personas por las que oro no son salvas y viven en pecado.' Sin embargo, usted forma parte de la raza caída igual que aquellos por quienes está orando. Usted comparte la naturaleza de nuestro padre Adán. Usted no es mejor que ellos, solo es más afortunado. Cuando ora, debe ponerse en el lugar de ellos, y decir, con Daniel: 'Señor, somos pecadores, nos rebelamos, ten misericordia de nosotros.'

¿Qué le impide orar de esta manera? ¿Merece usted más la gracia de Dios que otras personas? ¿Fue usted elegido por su condición superior? ¿Era su pecado más leve, o más fácil de limpiar? ¿Ha dejado de ser parte de la raza humana cuando se hizo cristiano? O, para referirnos a nuestro pasaje, ¿es usted moralmente superior a Daniel? Al orar, póngase junto a aquellos por quienes intercede. Tómelos de la mano y diga: 'De nosotros, Señor, es la confusión de rostro.'

Sin embargo, esto requiere algo más que un cambio en las palabras. Requiere un cambio de perspectiva. Exige que tomemos muy en serio la condenación que pesa sobre la cabeza de otras personas, y que reconozcamos el derecho de Dios de ejecutar su juicio sobre ellos.

Si usted se parece en algo a mí, se sentirá incómodo en este aspecto. Mientras charlo y me relaciono con los no creyentes que me rodean, dejo totalmente a un lado la noción de que hay una espada suspendida sobre sus cabezas. Si alguno de ellos estuviera en este momento mirando por sobre mi hombro, me sentiría perturbado de que leyera lo que estoy escribiendo. Si exclamaran: '¡Me imagino que usted no cree en un Dios así!', me pondría a la defensiva. El problema radica en que no comparto la perspectiva de Daniel o de Dios respecto a los hombres y mujeres con los que me encuentro a diario. Solo cuando lo hago, mis oraciones por ellos cobran vida.

> Señor, ten misericordia de nosotros.

La perspectiva de Dios es la del juicio. Todos merecemos la ira de Dios. El infierno es poco para nosotros. Y eso significa que también es poco para los incrédulos que nos rodean y para los creyentes cuyas faltas provocan nuestras críticas. Daniel ve esto con total claridad. 'Por lo tanto, Jehová veló sobre el mal y lo trajo sobre nosotros; porque justo es Jehová, nuestro Dios, en todas sus obras que ha hecho, porque no obedecimos su voz.'

No pensamos igual que Daniel. En algún lugar muy hondo en nuestra mente, tenemos el sentimiento (del que quizás no seamos totalmente conscientes) de que Dios está siendo un poco duro con aquellos incrédulos más agradables que conocemos. ¡Más aun, pensar en la ira de Dios hacia un hermano o hermana en la fe nos resulta inconcebible!

Temores que nos paralizan

Quizás estoy poniendo el dedo en la llaga, pero debo hacerlo. Usted dice: 'Sí, pero, ¿tenemos algún derecho de juzgar a la gente? Después de todo, ¿no se supone que debemos amarlos?' Su razonamiento es incorrecto.

La gente ya está condenada. Nos resulta incómodo admitir que Dios está en lo correcto cuando los juzga. Pero, nos guste o no, nuestra relación con Dios es cuestión de todo o nada. O él está en lo correcto, o lo estamos nosotros. Para ser franco, mi conflicto surge del hecho de que no quiero creer que Dios es lo que es. Mi propia reticencia me lleva a juzgar la rectitud de Dios.

En cuanto a lo de amar a los demás, no puedo evitar sentir que nuestra actitud 'benevolente' hacia su pecado es como la actitud de algunas personas hacia la enfermedad o los accidentes. Recuerdo un adolescente que se cayó de la bicicleta y se quebró el brazo. Era tan seria la fractura que el brazo parecía doblado. Corrió a la oficina de su padre buscando ayuda, pero sólo recibió esta exclamación: '¡Vete! ¡Vete, por favor! ¡Ya sabes que no puedo soportar cosas así!'

No estamos demostrando amor cuando no queremos pensar en la enfermedad de la gente. No es amor evitar la visita a un moribundo 'porque no sabría qué decirle'. No es amor esquivar a un accidentado para no ayudarlo 'porque la sangre me descompone'. Es más bien una evidencia de que estamos paralizados por temores que nos impiden enfrentar la realidad.

Tampoco nuestro miedo al pecado y al juicio son una demostración de amor. Un intercesor es, por sobre todas las cosas, realista. Usted no podrá interceder como lo hacía Daniel a menos que se enfrente a las cosas tal como son, incluyendo un mundo condenado y quizás una iglesia que está bajo juicio.

Mi esposa y yo habíamos vivido apenas tres meses en Bolivia cuando nació nuestro primer hijo. Yo estuve presente en el parto. Si me hubiesen preguntado cómo me sentía, seguramente hubiera dicho: 'Me siento estupendamente bien, muchas gracias.' Pero ahora que miro hacia atrás, me doy cuenta que estaba muy asustado.

Scott nació con los pies severamente lisiados. Apenas lo levantaron, mi esposa exclamó: '¡John, mira sus pies! ¡Tiene algo malo en los pies!' Yo contemplé el cuerpito mojado y rojizo, pero no vi nada malo.

—Sus pies están perfectos, querida —contesté.

—¡Pero sus pies, mi amor, mira sus pies!

Yo miré pero no vi nada.

—Está todo bien, querida, sus pies están perfectos.

Era tal mi ansiedad por sentir que todo estaba bien que me mantenía ciego a la realidad de sus pies defectuosos. Aunque parezca increíble (soy médico y me capacitaron para revisar bebés apenas nacían) no podía ver sus piernas grotescamente torcidas: las veía rectas. No lo sabía en ese momento, pero mis miedos me hacían ciego a la realidad de que mi hijo había nacido inválido. No podía ver lo que tenía delante de mis ojos.

Si tomáramos conciencia de la realidad respecto al destino de las personas que nos rodean, posiblemente nos sentiríamos tan sobrecogidos que no podríamos orar. En cambio, nos mantenemos ciegos frente a esa realidad, de la misma forma y por las mismas razones por las que yo no podía ver las piernas de mi hijo. Somos emocionalmente incapaces de percibir el juicio que aguarda a los incrédulos. Negamos la realidad o nos protegemos para no percibir la totalidad de su impacto: reconocemos el hecho pero nos escudamos de su horror. Al orar, no sentimos urgencia. ¿Cómo habríamos de sentirla, si nos escondemos de la verdad?

¿Qué podemos hacer? Podemos empezar reconociendo y confesando a Dios que en realidad tenemos miedo de enfrentar la verdad. Podemos leer esos pasajes de la Palabra de Dios que tratan del juicio, y dejar que el Espíritu Santo nos muestre toda su vigencia. Si nos sentimos perplejos ante el hecho de que Dios juzgue todas las cosas, necesitamos presentarle nuestra perplejidad y dejar que él se revele más plenamente en nuestros corazones. Y luego, como Abraham, como Moisés, y como Daniel, empezaremos a interceder.

La opinión de las hormigas

Cuando una persona ora como lo hacía Daniel, podemos preguntarnos: ¿Qué lo mueve a orar? ¿De dónde surgen la pasión y la energía para orar? Podríamos dar una respuesta convencional y decir que el Espíritu Santo lo inspiró, y no cabe duda de que es así. Sin embargo, no se menciona al Espíritu Santo en este pasaje, y la respuesta, aunque cierta, ayudará muy poco a cambiar nuestra propia vida de oración. Seguramente, usted muchas veces ha buscado al Espíritu y se ha entregado a él, y a pesar de ello sus oraciones no fueron más eficaces ni sinceras. Lo que necesita es averiguar cómo puede el Espíritu darle esa motivación profunda que necesita.

Ya hemos considerado cuál era la tensión que ponía en marcha a la oración: el conflicto entre el Dios que Daniel conocía y los hechos cotidianos que observaba. Pero hay algo más. Esa tensión puede explicar cómo comienza la oración pero no explica su perseverancia. Daniel se muestra valiente. Insiste. Exige. Sin embargo, realmente no parece que estuviera usando alguna técnica de oración, o representando un papel.

Seguramente podemos imitar las palabras de Daniel y aun la postura que adopta en la presencia de Dios. 'Oh Señor…

Dios nuestro, oye; oh Señor, perdona; no te tardes…'
Podríamos pronunciar las mismas palabras. Podríamos pavonearnos descaradamente delante de Dios y exigirle que intervenga, o podríamos agradecerle porque sabemos que va a actuar. Pero una u otra manera podrían no ser más que una fantochada. Solo lograremos convencernos a nosotros mismos, representar un papel, movernos nerviosamente sobre un escenario. Pero a Dios no le impresionan esas actuaciones, sean buenas o malas.

Daniel no estaba actuando. Sus palabras nacían de su profunda preocupación por el honor del nombre de Dios. En seis oportunidades en la última parte de su oración, hace referencia al nombre de Dios, a su reputación, a su carácter: 'Te hiciste renombre' (versículo 15); 'conforme a todos tus actos de justicia' (versículo 16); 'por amor del Señor' (versículo 17); 'en tus muchas misericordias' (versículo 18); 'por amor de ti mismo… porque tu nombre es invocado sobre tu ciudad y tu pueblo' (versículo 19). Daniel siente claramente que está en juego la reputación de Dios, y se siente celoso por su honor. Quiere que Dios sea reivindicado a los ojos de todos. No soporta la idea de que la gente tenga un concepto pequeño de Dios, o lo compare con falsos dioses.

Su perspectiva es importante por dos razones. En primer lugar, la súplica apela a un punto sensible de Dios mismo; además, la preocupación de Daniel por el honor de Dios parece, como ya he mencionado, aumentar el vigor con que ora Daniel.

Decir que Dios tenga un punto sensible puede parecer errado e irrespetuoso. Dios no tiene debilidades psíquicas. Sin embargo, hay razones que son importantes para

Dios y lo mueven a actuar. Él es celoso de su nombre y su honra.

Cuando pensamos en los celos lo hacemos desde la perspectiva humana. Tendemos a considerarlos como una debilidad, especialmente si se trata de celos por la propia reputación o prestigio. Sin embargo, las Escrituras presentan claramente a Dios como alguien realmente interesado en su propio honor y reputación; de manera que, cuando Daniel suplica de esa forma, no cabe duda de que logrará captar su atención.

Los celos humanos, los suyos y los míos, nacen de la debilidad. Son la reacción típica de alguien que está inseguro de su propio valor. Esa inseguridad nos lleva a preocuparnos por nuestra propia reputación.

Cuando hablamos de los celos de Dios, en cambio, estamos hablando de otra cosa. Dios es supremo. Él está consciente de su majestuosidad, de su extraordinario poder, de su perfecta justicia, de su insondable sabiduría. Sin embargo, Dios no es presuntuoso ni inseguro. No tiene necesidad de probar nada. ¿Le preocuparía a usted qué opinión tuviera sobre su persona un grupo de hormigas? Por supuesto que no. De la misma forma, Dios no necesita preocuparse por lo que los seres humanos piensen acerca de él, pero lo hace.

> A Daniel le interesaba el honor del nombre de Dios.

Podríamos pensar en alguna circunstancia excepcional en la que sí nos preocuparía lo que pensara sobre nosotros un grupo de hormigas. Supongamos por un momento que usted tiene el poder de elevar a las hormigas de su condición, dándoles mejor calidad de vida y mayor felicidad. Además, supongamos que usted amara a las criaturitas y necesitara que ellas confiaran en usted para que realmente pudiera otorgarles esa vida superior. En esas circunstancias (dependiendo siempre de cuánto amor tuviera por ellas), usted podría llegar a sentirse ansioso de que ellas reconozcan su poder y su amor. Por el bien de las hormigas, usted se sentiría celoso de su propia reputación entre ellas. La profundidad de sus celos sería la medida de su amor. Se trataría de celos nobles, nacidos no de su inseguridad sino de su preocupación por el bienestar de las hormigas, que no podrían recibir su ayuda a menos que entendieran y confiaran en su habilidad para ayudarlas.

Ahora quizás entendamos mejor el celoso interés de Dios por el honor de su nombre (su carácter) entre los seres humanos. Nuestra confianza devota no agrega nada a su persona, pero abre la posibilidad de que él nos libere de nuestra miseria. Él quiere que lo conozcamos porque nos ama y se preocupa por nosotros, por nuestra lamentable condición. Lo que una y otra vez obstaculiza el poder de Dios es el concepto equivocado que tenemos de su persona. Tozer decía que es decisivo lo que una persona piensa acerca de Dios, ya que eso determina el curso total de su vida. También decía que, de la misma forma, la perspectiva que una iglesia tenga de Dios determinará su vida espiritual y su poder.

Más allá de uno mismo

Sin duda, Daniel conocía a un Dios mucho más grande que el de sus congéneres. También es evidente que captaba la importancia de que el nombre de Dios se impusiera y que su honor se mantuviera en alto, tanto delante de los judíos como de los paganos. Por eso en su súplica enfatiza expresiones como: 'Porque tu nombre es invocado sobre tu ciudad y sobre tu pueblo.' Al hacerlo, está tratando con Dios de la manera más efectiva.

Orar de esa manera también tiene efectos sobre Daniel mismo. Lo lleva a trascender su propia persona. Ya no está preocupado por sus problemas personales, sino por el honor de Dios. Cuando nuestros pensamientos están centrados en el honor de Dios, nos elevamos a un plano superior de oración.

No es necesariamente malo estar centrado en uno mismo. Los bebés son criaturas egocéntricas. Esto quiere decir que solo se interesan por los demás en la medida en que los entretengan, los alimenten o satisfagan sus deseos. Esta actitud egocéntrica es natural y adecuada en algunas etapas del desarrollo. La madurez trae consigo la capacidad de mirar más allá de uno mismo hasta que el bienestar de otro se torna aun más importante que el propio.

El crecimiento espiritual quizás siga un curso similar al del crecimiento físico. En las primeras etapas, un cristiano está más preocupado por sí mismo, por sus propias experiencias, por lo que otras personas piensan acerca de él y por lo que la Palabra de Dios hace por él. A medida que va madurando espiritualmente, va aumentando su interés por otras personas, así como por el honor y la gloria de Dios. A medida que maduramos espiritualmente, nuestras oraciones se vuelven teocéntricas, es decir, centradas en Dios mismo.

Usted debe recordar, sin embargo, que aunque la maduración está sujeta a sus propias leyes y parece suceder de manera automática, el entrenamiento contribuye a la maduración. No tendría ningún sentido que yo escribiera acerca de la oración de Daniel si usted no pudiera hacer otra cosa que esperar a 'madurar' para recién poder orar como él lo hacía. A los bebés se les enseña. El proceso natural de maduración se complementa en cada etapa con el ejemplo de los padres y con su enseñanza. Se les enseña a comer solos, a caminar, a hablar, a vestirse, y muchas cosas más.

¿Por qué no podría usted hacer lo mismo que Daniel? Por supuesto que sí; usted puede interesarse activamente por el nombre, el honor y la reputación de Dios entre la gente que lo rodea. Esta oración está registrada para enseñarnos algo. En primer lugar, nos ayuda a tomar conciencia de que nuestras oraciones actuales no están centradas en Dios mismo; quizás nunca se le haya ocurrido que el honor y la reputación de Dios son temas por los que debería orar. Lo cierto es que esas plegarias forman la base misma de la vida de oración. El Espíritu Santo anhela guiarlo a ese tipo de oración, y en la medida en que usted permita que él le enseñe, su oración alcanzará un nivel más elevado.

> El concepto que tenemos de Dios, afecta toda nuestra vida.

Es obvio que usted no se preocupará por el honor de Dios si no comprende lo grande y maravilloso que es. Volvemos a las palabras de Tozer: el concepto que usted tiene de Dios afecta toda su vida.

Después de la última lectura que hice del Antiguo Testamento, alcancé una conciencia de la realidad, el poder y la gloria de Dios como nunca antes había tenido. Lo veo ahora con nuevos ojos. Me pregunto: ¿Ocurrieron realmente estas cosas? ¿Se dividió el Mar Rojo? ¿Salió agua de la roca? ¿Se hicieron a un lado las aguas del Jordán? ¿Cayeron los muros de Jericó por efecto de las trompetas?

Cuando leí las valientes palabras que David le dirigió al gigante Goliat, cobraron vida para mí de manera extraordinaria. Me pregunto si yo me hubiera atrevido a confiar en el Dios de Israel como lo hizo aquel muchachito. «Entonces dijo David al filisteo: 'Tú vienes a mí con espada, con lanza y jabalina; pero yo voy contra ti en el nombre de Jehová de los ejércitos, el Dios de los escuadrones de Israel, a quien tú has provocado. Jehová te entregará hoy en mis manos, yo te venceré y te cortaré la cabeza. Y hoy mismo entregaré tu cuerpo y los cuerpos de los filisteos a las aves del cielo y a las bestias de la tierra, y sabrá toda la tierra que hay Dios en Israel. Y toda esta congregación sabrá que Jehová no salva con espada ni lanza, porque de Jehová es la batalla y él os entregará en nuestras manos'» (1 Samuel 17.45–47).

¡Qué grande es Dios! Me siento tan maravillado que contengo la respiración. ¿Tengo yo un concepto así del Señor? Él no ha cambiado desde entonces. Si mi Dios es el Dios de David, ¿por qué no esperar que actúe de la misma manera hoy, cuando su honor está en juego?

Vuelva al Antiguo Testamento. Lea los relatos desde la perspectiva adulta. No son sólo 'historias bíblicas' para enseñar a los niños en la escuela dominical, sino relatos para adultos que deben ser tomados muy en serio. Quizás mientras lee, empezará a orar de la manera en que Daniel oraba. Quizás, como él, usted llegue a ser un hombre o una mujer muy amados.

Ana

✦ CLAMA POR ✦
UN HIJO

*H*ubo un hombre de Ramataim, sufita de los montes de Efraín, que se llamaba Elcana hijo de Jeroham hijo de Eliú, hijo de Tohu, hijo de Zuf, efrateo. Tenía dos mujeres; el nombre de una era Ana, y el de la otra, Penina. Penina tenía hijos, pero Ana no los tenía. Todos los años, aquel hombre subía de su ciudad para adorar y ofrecer sacrificios a Jehová de los ejércitos en Silo, donde estaban dos hijos de Elí: Ofni y Finees, sacerdotes de Jehová. Cuando llegaba el día en que Elcana ofrecía sacrificio, daba a Penina, su mujer, la parte que le correspondía, así como a cada uno de sus hijos e hijas. Pero a Ana le daba una parte escogida, porque amaba a Ana, aunque Jehová no le había concedido tener hijos. Y su rival la irritaba, enojándola y entristeciéndola porque Jehová no le había concedido tener hijos. Así hacía cada año; cuando subía a la casa de Jehová, la irritaba así, por lo cual Ana lloraba y no comía. Y Elcana, su marido, le decía: 'Ana, ¿por qué lloras? ¿por qué no comes? ¿y por qué está afligido tu corazón? ¿No te soy yo mejor que diez hijos?' Después de comer y beber en Silo, Ana se levantó, y mientras el sacerdote Elí estaba sentado en una silla junto a un pilar del templo de Jehová, ella, con amargura de alma, oró a Jehová y lloró desconsoladamente. E hizo voto diciendo: '¡Jehová de los ejércitos!, si te dignas mirar a la aflicción de tu sierva, te acuerdas de mí y no te olvidas de tu sierva, sino que das a tu sierva un hijo varón, yo lo dedicaré a Jehová todos los días de su vida, y no pasará navaja por su cabeza.' Mientras ella oraba largamente delante de Jehová, Elí observaba sus labios. Pero Ana oraba en silencio y solamente se movían sus labios; su voz no se oía, por lo que Elí la tuvo por ebria. Entonces le dijo Elí: '¿Hasta cuándo estarás ebria? ¡Digiere tu vino!' Pero

Ana le respondió: 'No, señor mío; soy una mujer atribulada de espíritu. No he bebido vino ni sidra, sino que he derramado mi alma delante de Jehová. No tengas a tu sierva por una mujer impía, porque solo por la magnitud de mis congojas y de mi aflicción he estado hablando hasta ahora.' 'Ve en paz, y el Dios de Israel te otorgue la petición que le has hecho', le dijo Elí. 'Halle tu sierva gracia delante de tus ojos', respondió ella. Se fue la mujer por su camino, comió, y no estuvo más triste.

1 Samuel 1.1–18

Susurros de alegría, gritos de dolor

En el capítulo anterior, estuvimos considerando oraciones de alto nivel. En realidad las alusiones al nivel, alto o bajo, me molestan cuando se usan en relación con el cristianismo. Son términos que sugieren grados de excelencia, logros espirituales, una especie de cinturón negro en 'karate cristiano'. Es de esperar que progresemos; Dios mismo quiere que alcancemos la madurez, y el Espíritu Santo trabaja en nosotros para que colaboremos con él y crezcamos en nuestra semejanza a Cristo.

Sin embargo, no quise sugerir que, frente a la oración que he llamado más elevada (la que tiene que ver primariamente con el honor de Dios y su nombre), la oración respecto a nuestras necesidades personales sea menos importante. Por cierto, la esencia de una buena relación es la reciprocidad. En algunas ocasiones, escucho con interés y simpatía las preocupaciones que me comparte un amigo; en otras, me siento confortado cuando un amigo presta atención a mis problemas.

Lo mismo ocurre con la oración. A medida que usted crezca en madurez, la voluntad de Dios, sus propósitos y el honor de su nombre le preocuparán cada vez más. Sin embargo, no importa cuánta madurez haya alcanzado, siempre seguirá teniendo penas y alegrías muy personales. Si queremos considerar elevada a la oración que se interesa por el honor de Dios, debo dejar en claro que nunca debemos dejar de presentar a Dios nuestros sufrimientos y angustias íntimas. La oración de menor nivel, si es que acordamos llamarla así, será necesaria mientras vivamos. 'Por nada estéis angustiados —escribe Pablo a la iglesia en Filipos—, sino sean conocidas vuestras peticiones delante de Dios en toda oración y ruego, con acción de gracias' (Filipenses 4.6).

Si alguien pudo penetrar en los misterios de la oración, fue Daniel. No importa con qué pautas evaluemos su vida de oración: su intensidad, su valentía, su percepción de los misterios proféticos, hemos de reconocer que su vida de oración se destaca de manera excepcional. Afortunadamente, la misma Biblia registra oraciones de carácter simple, sin sugerir en absoluto que sean por ello menos importantes. He elegido analizar la oración de Ana después de la de Daniel, para recordarme a mí mismo, y a usted, que nunca dejaremos de tener la necesidad de orar como niños por nuestras necesidades personales.

Amada pero estéril

El problema de Ana era frecuente en una sociedad que practicaba la poligamia. Ana recibía más amor de su esposo que Penina, pero era estéril. Las burlas y sarcasmos de su fértil rival, rodeada en la casa por toda su prole de hijos, transformaban el amor de su esposo en fuente de dolor y amargura para Ana.

Lo que más la hacía sufrir era la fiesta anual de las ofrendas y diezmos. Los israelitas tenían la costumbre de reservar una décima parte de lo que producían para ofrecerlo al Señor. Elcana, que vivía a cierta distancia de Silo (donde se celebraban los diezmos), cambiaba su trigo y ganado por plata, y llevaba luego el dinero en una bolsa de cuero a Silo. Allí compraba carne, harina, y bebidas para alegrar el corazón. Con los demás ofrendantes, entregaba al sacerdote una parte para que fuera colocada en el altar como sacrificio. Después, en la presencia del Señor y con mucho regocijo, la familia comía el resto de lo que había sido ofrecido al Señor. Una porción pertenecía a Dios, pero el Señor los invitaba a festejar con él.

> A medida que usted crezca en madurez, la voluntad de Dios y el honor de su nombre le preocuparán cada vez más.

Ana no podía festejar. Cuando Elcana distribuía las porciones de carne a su familia, cargaba la bandeja de Penina con grandes cantidades de carne para distribuir entre sus niños. La porción que recibía Ana era un doloroso recordatorio de su esterilidad. Penina, por su parte, no perdía oportunidad de refregar con sal las heridas de su rival.

En una de esas ocasiones, Ana dejó la comida sin tocar. Las lágrimas le llenaban los ojos mientras contemplaba el plato de carne. Había perdido el apetito. Ni siquiera el tierno amor que le brindaba Elcana aliviaba la enorme carga de depresión que la agobiaba.

El sentido del sufrimiento

La situación de Ana nos conmueve. Pero justamente lo común de su condición plantea una pregunta: ¿Por qué habría de quedar registrado un asunto tan trivial? ¿Por qué abrir con esta plegaria los compases iniciales de la extensa sinfonía de la grandeza de Israel?

Por cierto que el asunto no era nada trivial para Ana. Para ella la vida no tenía sentido mientras ella fuera estéril. Quizás podríamos decir que la historia es importante por esa sola razón. En medio de la larga historia de reyes, batallas, ciudades sitiadas y opresión ejercida por los poderosos, nos dice de un Dios que se preocupa por los pobres y los oprimidos, un Dios para quien ningún sufrimiento es demasiado trivial para no ocuparse de él. Dios es por cierto el Dios de los gorriones y de los lirios. La respuesta que da al dolor de Ana es típica de su carácter, y es el tema de la canción triunfal de Ana en el capítulo siguiente (un himno notablemente parecido al 'Magníficat' de María).

Pero hay algo más. Su oración señala un hito en la historia de Israel. Cierra una época que por momentos alcanzaba niveles de anarquía, un período de vergüenza y humillación, aliviada solo por breves lapsos de libertad y prosperidad. Abre la puerta a la era de grandeza de Israel. Las estrofas iniciales de la saga no están allí por casualidad; forman parte de la composición total.

Para que entendamos porqué es así, debemos tener presente la naturaleza esencial de la oración. Hemos dicho que siempre es una respuesta a la iniciativa de Dios. Sin embargo, en este caso parece que es Dios quien responde a la iniciativa humana, y no a la inversa. A primera vista, vemos que Ana sufría y oró acerca de su sufrimiento; y Dios respondió mucho más allá de sus expectativas. Ana tomó la iniciativa y Dios respondió.

¿Fue realmente así? ¿Es la oración de Ana una excepción a la regla? ¿Cuál era el origen de su esterilidad ('el Señor cerró su vientre')? ¿Quién permitió que la sometieran al escarnio y a la burla, y por qué?

El niño de Ana iba a ser una figura excepcional en la historia de Israel. Por pura fuerza moral y espiritual, en el curso de su sola vida este profeta acabó con la idolatría en Israel, hizo que en toda la región fuera exaltado el único Dios verdadero, y estableció la monarquía.

> La oración es respuesta a la iniciativa de Dios.

Se requerían circunstancias inusuales para que surgiera un hombre de esas condiciones… la grandeza se forma en moldes especiales. Desde su niñez, Samuel estaría bajo las influencias de la adoración, la guía moral de Elí, y la voz de Dios. En su desesperación, Ana prometió que si se le daba un niño lo entregaría a Dios; poco sabía en ese momento de las consecuencias que tendría su promesa. Pero Dios sí sabía. Él había permitido que llegara al abismo de la desesperación, precisamente por esta razón. El fruto de su vientre debía ser criado en el propio templo.

¿Puede Dios ser tan desalmado? ¿Agravó su dolor solo para forzarla a hacer un voto desesperado? ¿Podría ser tan insensible?

C. S. Lewis dijo una vez que Dios nos susurra en las alegrías pero nos grita en nuestros sufrimientos. El mismo dolor que produjo un Samuel que transformó a Israel, también transformó a Ana. Si hubiéramos podido hablar con ella diez años después del nacimiento de Samuel (mucho antes de que Samuel llegara a ser un líder nacional), hubiéramos encontrado que nunca dejó de alabar al Dios que la había 'atormentado'. Se hubiera reído de los sufrimientos pasados. No solo porque Dios le había respondido sino porque su sufrimiento la había llevado a arrojarse en sus brazos.

No sé cómo medimos el dolor, pero mi corazón se inunda de alegría, una alegría demasiado grande para expresar con palabras, cuando pienso en las pruebas que mi esposa y yo debimos soportar. El sufrimiento es un pago trivial por los enormes tesoros que hemos ganado por medio de esas pruebas. Detesto el sufrimiento, pero estaría dispuesto a soportarlo nuevamente para volver a encontrar las mismas bendiciones. Puedo sonreír maravillado ante la cosecha de felicidad que he recogido.

Ana no era un simple peón en el juego de ajedrez de la historia que Dios manejaba. Los propósitos de Dios para la vida de Ana incluyeron el sufrimiento, pero su propósito más amplio respecto a Israel estaba unido a un propósito amoroso hacia Ana. Él la guió suavemente por medio de su sufrimiento para finalmente darle mucha más felicidad. Entonces fue Dios, y no Ana, quien tomó la iniciativa. El silencioso clamor que nació de su desesperación fue la respuesta a la presión que él estaba ejerciendo sobre ella.

Cirugía espiritual

El sufrimiento personal nunca carece de sentido para los hijos de Dios. Quizás usted no sepa porqué está sufriendo, y el dolor le parezca realmente insoportable. En tales circunstancias, siempre debe recurrir a Dios con su dolor y pedirle alivio. Puede ir más allá de lo que fue Ana, y alabarlo porque sabe que es fiel y se preocupa por usted, no importa cuán grande sea su dolor. Usted puede saber (gracias a la historia de Ana) que Dios se propone hacer algo por medio de su sufrimiento, algo que llega mucho más allá de su propia vida y de su época. Además, por medio del sufrimiento él puede darle mayor capacidad para ayudar a otros que sufren. Él puede cambiar el curso de la historia por medio de su dolor, aunque usted nunca llegue a descubrir su significado más profundo.

Lo que sí puede experimentar, es cómo se profundiza su relación con él. Le puedo asegurar que el sufrimiento tiene un sentido para su propia vida. Es la cirugía divina la que sana y corrige, si se lo permitimos, los defectos en nuestro crecimiento cristiano. Pero es esencial que respondamos confiando en la misericordia y la bondad de Dios. No debemos permitir que la amargura o el enojo nublen nuestra vista y nos impidan ver a Dios cuando parece que no nos responde. Cuando caemos en la trampa de la autoconmiseración y la duda, el sufrimiento que estaba destinado a enriquecer y profundizar nuestra relación con él puede causar el efecto contrario.

> El sufrimiento llevó a Ana a los brazos de Dios.

El sufrimiento de Ana, como hemos visto, la llevó a hacer una promesa. Su voto nos puede hacer pensar que estaba regateando con Dios. Si tan solo le concedía un hijo, ella se lo prestaría a Dios por el resto de su vida. Es natural que preguntemos: ¿Es así como se supone que debemos proceder cuando le hacemos una petición a Dios?

En la Palabra de Dios hay pocas súplicas acompañadas por promesas. La de Ana es casi exclusiva en este sentido. Sin embargo no podemos dudar que la promesa está inspirada por Dios mismo; las consecuencias que llegó a tener en la historia de Israel fueron enormes.

Sería necio, sin embargo, inferir que debemos entrar en la oración con una actitud negociadora. No tenemos qué negociar. La verdadera lección es reconocer que no importa qué nos dé Dios, en realidad le pertenece solo a él. Esto es en esencia lo que estaba expresando Ana. Samuel pertenecía a Dios porque Dios se lo había dado. De la misma forma, las respuestas a nuestras oraciones no son conquistas nuestras. Darnos palmaditas o alardear por los triunfos de nuestra oración es ofender a Dios. No importa qué pueda darnos como respuesta a la oración, lo hace por su gracia soberana. Usted debe reconocer esto en su interior y ante los demás. Dios ha sido bueno con usted. Le ha dado mucho más de lo que merecía, y usted estará para siempre en deuda con él.

> No permitamos que la amargura nos impida ver a Dios.

Lo paradójico es que disfrutará mucho más de los dones de Dios una vez que perciba esta verdad. Hace un tiempo, Dios nos dio a Lorrie y a mí una hermosa casa. Tiene algunas comodidades que en realidad no necesitamos, y confío en que estemos dispuestos a renunciar a ella en cualquier momento que el servicio del Señor lo requiera. Ahora bien, he observado que mis sentimientos hacia la posesión de la casa son fluctuantes. Cuando recuerdo que la casa es un regalo de la gracia de Dios, me siento inundado de paz, gozo, gratitud. En otras ocasiones, si me siento orgulloso por las características especiales de la casa y la comparo mentalmente con las casas de mis amigos, la alegría se evapora. Y hasta la casa se torna una verdadera carga. Tiene una cerca tan larga para podar, árboles para cuidar y tantas cosas que hacer para mantenerla, que de pronto me resulta ordinaria y hasta indeseable. La vanidad nubla mi vista y me carga el corazón de ansiedad, en tanto que la gratitud me purifica la visión y me alivia el corazón. 'Toda buena dádiva y todo don perfecto desciende de lo alto, del Padre de las luces' (Santiago 1.17). Es fundamental que reconozcamos lo que le debemos. De lo contrario sus dones no nos traerán gozo. Estoy seguro de que Samuel fue motivo de alegría para Ana durante toda su vida.

Un anhelo que se dispara como una flecha

Me hubiera gustado poder contemplar los labios de Ana cuando se movían modelando silenciosas palabras de anhelo, mientras las horas se deslizaban. Es evidente que Elí sí la estuvo observando. Tal vez frunció el ceño, molesto, y volvió más de una vez para observarla nuevamente. Al fin, la irritación superó a la discreción.

—¿Hasta cuándo estarás ebria? Digiere tu vino.

Pero Ana estaba embriagada de anhelos, no de vino.

—No, señor mío; yo soy una mujer atribulada de espíritu; no he bebido vino ni sidra, sino que he derramado mi alma delante de Jehová. No tengas a tu sierva por una mujer impía; porque por la magnitud de mis congojas y de mi aflicción he hablado hasta ahora.

No necesitamos saber literalmente todo lo que dijo. Su agonía destila en estas emotivas frases. Podría haber orado en voz alta, podría haber sollozado desconsoladamente, podría haber postrado su rostro en el suelo, podría haber gemido, lamentado y balanceado el cuerpo; el mensaje que alcanzó los cielos hubiera sido el mismo. Dios siempre entiende claramente nuestros anhelos más hondos.

Lo que debemos percibir es que se trata de un anhelo dirigido, arrojado como una flecha desde el arco, directo al blanco. Muchas personas aprietan las manos y lloran, pero su llanto les devuelve el eco desde el universo vacío … o al menos así les parece. Y por lo que a ellos toca, así es. 'Pero sin fe es imposible agradar a Dios; porque es necesario que el que se acerca a Dios crea que él existe y que recompensa a los que lo buscan' (Hebreos 11.6). Debemos expresar nuestra agonía a un Dios que está allí.

Dios siempre escucha el dolor que expresamos en su presencia, pero él anhela ser algo más que un 'tranquilizante celestial'. Él quiere que las personas que sufren entren en relación con él. Dios mismo es en realidad el don que más necesitamos. Los niños pueden calmarse con una golosina por un rato, pero lo que anhelan es el afecto del padre. Por lo tanto, acérquese a Dios en su dolor. 'Acérquense a Dios, y él se acercará a ustedes' (Santiago 4.8, vp).

> Dios entiende nuestros anhelos más pofundos.

Como cristianos, a menudo cometemos uno de dos errores. A veces nos lamentamos abiertamente delante de los demás. Este puede ser el menor de los males, ya que podemos contar con que nuestros amigos escuchen cierto monto de lamentos de nuestra parte. Pero debemos ir con nuestras angustias a Dios, y es en eso que fallamos lastimosamente. Nos acercamos a él, mostramos fe, creemos que él es, que está allí, por decirlo de alguna forma. Pero nuestro temor y nuestra reverencia hacia él nos inhiben. ¿Puede el Dios de los cielos interesarse por mis pequeñeces? (¿Se preocupa una madre por el rasguño en el dedo de un hijito de tres años?)

No quiero decir nada que disminuya nuestra reverencia hacia Dios. Los cristianos evangélicos estamos demasiado inclinados a tratar a Dios como a un 'compinche divino'. Somos ciegos respecto a su gloria y sordos a su voz, que es como torrente de muchas aguas. Si yo supiera cómo hacer que usted temblara y se estremeciera en su presencia, lo haría. Por cierto es mi oración que el Espíritu Santo produzca esa reacción en usted.

Sin embargo, no es necesario quedarnos mudos. Dios es grande, pero también es tierno y compasivo. Él percibe la más leve sugerencia de sufrimiento de nuestros corazones, y no necesitamos esconderlo de él. Hasta podemos sentirnos enojados y resentidos hacia Dios, pero lo cierto es que, sean justificados o no nuestros sentimientos, es mejor expresarlos que esconderlos. ¿Le abruma reconocer, una vez que Dios los ve, cuán horribles son sus pensamientos? No los disimule, confiéselos. Dígale también sus penas. No importa todo el tiempo que le lleve. Puede hablarle durante horas, porque él habita en la eternidad, y el tiempo allí no tiene significado alguno. Y puede tener la certeza de que, cuando desahogue su corazón en la presencia de Dios, como lo hizo Ana, él escuchará con atención, y lo comprenderá profundamente.

Ana quedó en paz. Las palabras de consuelo de Elí fueron la manera en que Dios le dijo que su oración había sido escuchada. Tal vez pasaron varias semanas antes de que quedara embarazada, pero ella ya estaba tranquila.

Mi propia experiencia ha sido muy variada. En ocasiones, después de volcar mi corazón ante Dios, me ha inundado una paz que trasciende mi entendimiento. Dios sabe, y eso es suficiente. Dios sabe, y a veces yo sé que ya me ha respondido, mucho antes de que me llegue la encomienda celestial.

Pero en otras ocasiones no encuentro esa paz. No fluye en mis miembros una corriente de seguridad que me haga sentir firme. '¿Confías en mí?' me pregunta él. 'Sí, Señor', le respondo. 'Entonces cree en mí, y deja todo en mis manos. Sabes quién soy.' Y debo quedar satisfecho con eso.

Ana se sintió bien, completamente bien, porque Alguien la había escuchado. Cuando uno sabe que lo han comprendido, experimenta un cambio extraordinario. Durante las horas en que Ana había derramado su corazón delante del Señor, produjeron grandes cambios en ella. Ya no era la misma mujer que se había negado a comer su porción de carne. Se reunió con su familia, comió con gusto. Había un nuevo brillo en su mirada y sus labios guardaban un hermoso secreto.

✦ LA PERSEVERANCIA ✦
EN EL SILENCIO

Entonces respondió Jehová a Job desde un torbellino y dijo: '¿Quién es ese que oscurece el consejo con palabras sin sabiduría?'

Ahora cíñete la cintura como un hombre:
yo te preguntaré y tú me contestarás.
¿Dónde estabas tú cuando yo fundaba la tierra?
¡Házmelo saber, si tienes inteligencia!
¿Quién dispuso sus medidas, si es que lo sabes?
¿O quién tendió sobre ella la cuerda de medir?
¿Sobre qué están fundadas sus bases?
¿O quién puso su piedra angular,
cuando alababan juntas todas las estrellas del alba
y se regocijaban todos los hijos de Dios?
¿Quién encerró con puertas el mar,
cuando se derramaba saliéndose de su seno,
cuando yo le puse nubes por vestidura
y oscuridad por faja?
Yo establecí para él los límites;
le puse puertas y cerrojo, y dije:
'Hasta aquí llegarás y no pasarás adelante;
ahí parará el orgullo de tus olas.'
¿Has dado órdenes a la mañana alguna vez en tu vida?
¿Le has mostrado al alba su lugar,
para que ocupe los confines de la tierra
y sean sacudidos de ella los malvados?
Ella cambia luego de aspecto como el barro bajo el sello,
y toma el aspecto de una vestidura;
más la luz les es quitada a los malvados
y el brazo enaltecido es quebrantado.
¿Has penetrado tú hasta las fuentes del mar
y has caminado escudriñando el abismo?

¿Te han sido descubiertas las puertas de la muerte
y has visto las puertas de la sombra de muerte?

Job 38.1–7

Además respondió Jehová a Job y dijo:
'¿Es sabiduría contender con el Omnipotente?
¡Responda a esto el que disputa con Dios!'
Entonces respondió Job a Jehová y dijo:
'Yo soy vil, ¿qué te responderé?
¡Me tapo la boca con la mano!
Una vez hablé, mas no replicaré más;
aun dos veces, mas no volveré a hablar.'

Job 40.1–5

Respondió Job a Jehová y dijo:
'Yo reconozco que todo lo puedes
y que no hay pensamiento que te sea oculto.'
'¿Quién es el que, falto de entendimiento,
oscurece el consejo?'
Así hablaba yo, y nada entendía;
eran cosas demasiado maravillosas para mí,
que yo no comprendía.
Escucha, te ruego, y hablaré.
Te preguntaré y tú me enseñarás.
De oídas te conocía,
mas ahora mis ojos te ven.
Por eso me aborrezco
y me arrepiento en polvo y ceniza.

Job 42.1–6

El hombre que supo callar

En un primer momento pensé que no tenía sentido incluir las oraciones de Job en este libro. Las oraciones que hemos considerado hasta aquí tienen alguna relación con nuestras propias vidas. Pero algunas de las que se registran en las Escrituras, como las de Job, no parecen tenerlo. Revelan un encuentro directo con Dios, un diálogo que abruma a la persona que lo vive.

Quizás deba explicar lo que quiero decir al hablar de un 'encuentro directo'. Ya hemos mencionado que Dios elige revelarse a las personas de diversas maneras y en diferente grado de profundidad. Siempre estamos en la presencia de Dios, y podemos disfrutar de esta realidad por medio de la fe. Pero nuestra percepción consciente de su presencia puede fluctuar según una variedad de factores, entre los cuales el más importante es el grado en que Dios decide revelarse a nosotros. Al arrodillarnos ante el trono de la gracia es posible tener la certeza de estar en la presencia de Dios, y sentirnos inundados de un callado regocijo.

Ocasionalmente, Dios decide correr el velo que oculta su gloria ante hombres y mujeres. Cristo lo hizo frente a tres de sus discípulos, en el monte de la transfiguración. Antes de ese suceso, Pedro, Santiago y Juan habían estado siempre en la presencia del Señor de la gloria. Era su maestro; lo amaban. A veces, estar con él había sido motivo de alegría, mientras que en otras oportunidades el Señor los había reprendido. Pero todo ese tiempo, aunque ellos pensaban que lo conocían, en realidad su gloria les estaba velada. Las reacciones que tuvieron cuando se les reveló en el monte fueron profundas. En ese momento, para decirlo con toda claridad, el Señor estuvo más presente que nunca antes, y se sintieron abrumados.

Podemos hacernos una idea de los efectos que tuvo ese encuentro si pensamos en un habitante del desierto, que se queda sin aliento la primera vez que ve el océano, o en el asombro de un habitante de la ciudad que de pronto se encuentra en la cumbre de un pico nevado, o de un ejecutivo cansado, que se maravilla al observar, muy abajo en la profundidad del mar, la silenciosa belleza de los bancos de coral. Pero un encuentro con Dios puede producir mucho más asombro, éxtasis, terror o vergüenza que la contemplación de su universo, por novedosa o dramática que esta nos resultara. El apóstol Juan cayó como muerto a los pies del Cristo glorificado (Apocalipsis 1.17). Daniel se encontró sin fuerzas en una circunstancia similar (Daniel 10.8). Isaías exclamó: '¡Ay de mí! Voy a morir' (Isaías 6.5). Nadie que se haya encontrado de esa manera con Dios puede olvidar lo sucedido. La ocasión se destaca en vivos colores, en contraste con las páginas en blanco y negro de su biografía.

> Un encuentro con Dios jamás se olvida.

Las personas que escriben sobre la oración adoptan una de dos actitudes ante los encuentros directos con Dios. Las ignoran totalmente, o las presentan como perlas preciosas. Hay quienes sugieren que debemos dedicarnos a encontrar esas perlas, muy superiores a las joyas vulgares de la oración corriente. Los escritores que admiran a los místicos corren a veces el riesgo de tomar esta segunda actitud.

Es totalmente falso que debamos procurar experiencias místicas. Juan no estaba intentando obtener una visión de su Señor glorificado. Isaías, hasta donde sabemos, se vio totalmente sorprendido por su encuentro con Dios en el templo. No conozco ningún caso en las Escrituras en el que alguien se haya puesto en la tarea de obtener una experiencia de este tipo, con la excepción de Moisés, aunque, en realidad, su encuentro con Dios ya había comenzado antes de que él le rogara que le permitiera ver su gloria. Dios es quien toma la iniciativa en la comunicación con sus criaturas. De modo que, si en alguna ocasión decidiera, por así decirlo, comunicarse en la pantalla del televisor en lugar de hacerlo por correo o por teléfono, es cosa de él.

Como soy de mentalidad práctica, me parece inútil analizar experiencias que a la mayoría de nosotros nunca le tocará vivir. Sin embargo, creo que la plegaria de Job debe haberse incluido en las Escrituras por alguna razón. Hay algo para nosotros, no solamente para Job, en esa experiencia singular. Pero, ¿qué?

Falsa intimidad

Llegará el día en que los cristianos seremos transformados. Cuando eso ocurra, si bien sentiremos el éxtasis de estar en la presencia directa de Dios, no nos abrumará en la misma medida en que lo hace ahora. Pero, por el momento, las cosas son así. Por lo que yo mismo he vivido en este terreno, no me atrevería jamás a pedir lo que Moisés pidió. Sé que mi cuerpo y mi mente no soportarían tanto, no importa lo gloriosa que pudiera ser la revelación.

¿Por qué, entonces, la Biblia nos habla de estas cosas? ¿En qué sentido son experiencias espiritualmente provechosas? ¿Qué ocurre con la persona que lee estos relatos? En mi vida, el resultado final de estas experiencias no fue nunca un estado espiritual superior, sino un grado de reverencia y de temor sagrado que no había experimentado. Creo que las narraciones bíblicas nos permiten captar, a través de lo que otro recibió, un destello de esa actitud reverente. Tengo la esperanza de que algo de lo que vivió Job transforme nuestra propia actitud hacia Dios. Si bien no debemos perder jamás la libertad de entrar, por fe, con valentía y gozo en la presencia de Dios durante toda nuestra vida terrenal, también debemos aprender a reverenciarlo profundamente.

Conocemos muy poco de la reverencia, aun en nuestras relaciones humanas. Algunos de nuestros intentos de intimidad solo logran provocar antagonismo con aquellos con quienes anhelamos ser íntimos, al punto de que solemos afirmar que 'la familiaridad engendra desprecio'. Cuando buscamos intimidad, a menudo equivocamos el camino. Confundimos la intimidad con su réplica falsa: la familiaridad. Queremos intimidad pero solo logramos tener familiaridad. La intimidad es riesgosa, implica conocer y ser conocido profundamente. La familiaridad puede producir la ilusión de tener intimidad, pero es un vínculo mucho más cómodo, que no pasa de un conocimiento mutuo superficial.

Los galileos estaban familiarizados con Jesús. No lo conocían; creían conocerlo. Conocían a sus padres. Lo habían visto crecer y también desarrollar su habilidad como carpintero. Pero la familiaridad los volvía ciegos a lo que él realmente era. Con total negligencia, le pusieron un rótulo y lo ubicaron en el casillero correspondiente en sus mentes. Quizás habían bromeado o charlado amigablemente con él, siempre sobre la base de la personalidad que ellos habían imaginado que tenía. Estaban familiarizados con lo que querían ver en él, o lo que creían ver.

'Sí, por cierto conozco a Jesús', podría haber dicho alguno de ellos. 'Lo conozco desde que era un niño. Es el hijo de José, ¿recuerda? Un buen carpintero. Era un buen chico, un poco callado a veces. ¿Si lo conozco? He hablado con él desde pequeño, prácticamente todos los días.' En realidad, lo conocían tan bien que Jesús no pudo hacer ninguna señal milagrosa entre ellos, a causa de su incredulidad.

> La intimidad debe ir acompañada del respeto.

La intimidad debe ir acompañada del respeto. Y el respeto debe estar basado en el hecho de que aquel con quien deseamos intimar es un ser único creado a la imagen de Dios. En cada ser humano debemos ver más que la apariencia física, escuchar algo más que una voz, aun más que el contenido de las palabras pronunciadas. Debemos contemplar el milagro de un ser en quien se manifiesta la continua creación de Dios, una obra maestra de su habilidad infinitamente preciosa, porque ese ser fue creado por Dios a su imagen y fue rescatado por la sangre de su Hijo.

Por eso nos cansamos de esos falsos intentos de intimidad que se basan en usar el nombre de pila del otro, dar un abrazo formal o participar en reuniones sociales. Logramos cierta familiaridad, aunque usemos máscaras y nos mantengamos indiferentes a la maravilla que significa el ser de esa otra persona. Como solo vemos lo que queremos ver, y no exponemos otra imagen que la que nos proponemos proyectar, ya sea altanera o con aire de mártir, terminamos aceptando una alianza en la que unos y otros nos envilecemos.

La intimidad implica verdadero conocimiento del otro. La familiaridad es la ilusión de conocer, en la que solo veo lo que quiero ver, es decir, la parte de la otra persona con la que puedo manejarme bien.

El hombre que se vincula superficialmente con las mujeres no conoce, verdaderamente, a ninguna de las mujeres con las que se acuesta. Conoce sus cuerpos; conoce algunas de sus reacciones y es experto en manipular para obtener de ellas exactamente lo que quiere. Pero ese conocimiento no es en absoluto intimidad. No le interesan sus esperanzas, sus temores, sus anhelos, sus alegrías. Si ellas intentan decírselo, seguramente contestará sin pensar: 'Te entiendo, linda, yo también siento lo mismo a menudo.' O bien: '¡Tonterías! Olvídalo, amorcito, tú no eres así.' No quiere verdadera intimidad, solo busca la intimidad física que, por sí misma, puede generar desprecio. Finalmente dará por terminada la relación con esa mujer, y se dirá a sí mismo: 'Es una pérdida de tiempo; no tengo la menor intención de volverme su psiquiatra.'

> Tener intimidad es conocer realmente a Dios.

Hay muchos esposos y esposas que adoptan la misma actitud. La relación que estaba prevista como un puente hacia la intimidad puede llevar, por el contrario, a la indiferencia, el hastío y hasta el desprecio.

Los padres pueden tener familiaridad con sus hijos, y los hijos con sus padres, sin llegar jamás a conocerse realmente. La intimidad implica escuchar con respeto e interés genuino. También requiere ser lo suficientemente humilde como para compartir los secretos del corazón, siempre que al hacerlo sepa que será de ayuda a la otra persona y no simplemente una carga.

Los psicólogos y sociólogos son conscientes de la necesidad de intimidad que caracteriza a nuestra época. Los grupos de terapia, grupos de encuentro, y hasta gran parte de la 'comunión' de los cristianos constituyen intentos por alcanzar esa intimidad que tanto anhelamos. Pero muchas veces fracasan porque nos falta el respeto y la reverencia por la imagen de Dios que está presente en la persona con la que buscamos intimar. Aprendemos a ser más relajados y a familiarizarnos, pero nunca llegamos a tener verdadera intimidad.

El compinche celestial

Podemos, inclusive, encontrar esta tendencia a la despreocupación y aun a la superficialidad en algunos de los enfoques modernos de la oración. Antes concebíamos a Dios como un 'abuelo bondadoso'. Ahora se está transformando en un 'compinche celestial'. Quizás buscamos más honestidad y apertura, menos ritual y estereotipos, y está muy bien. La oración conversacional, por ejemplo, puede ayudar a algunas personas a expresarse, pero como somos humanos corremos el riesgo de volvernos insensibles a lo maravilloso.

Recientemente conduje una reunión de oración entre líderes cristianos. Después de leer las Escrituras y compartir mis pensamientos sobre el pasaje, sugerí: 'Compartamos un momento de adoración y alabanza, para que tomemos conciencia de la majestuosidad de Dios, y pongamos una perspectiva adecuada a nuestras súplicas.' Todos asintieron rápidamente, pero cuando oramos resultó obvio que ninguno había entendido la propuesta.

'Gracias, Señor, por el privilegio que tenemos de acercarnos a ti —decía una plegaria—. Gracias por todas tus bendiciones. Ayúdanos, oh Señor, a ser obedientes. Bendice los cultos en la iglesia y danos…' Otro oraba: 'Gracias, Señor, por recordarnos que deberíamos adorarte más. Perdónanos por no hacerlo. Perdónanos, también, por no amarnos más unos a otros. Ayúdanos a ser fieles cada día, a testificar con nuestros labios y con nuestras vidas. Bendice a los misioneros…'

> Adorar: ser conscientes de la majestad de Dios.

Acción de gracias, sí. Alabanza por las bendiciones concretas, aun por las bendiciones espirituales, sí. Pero con el corazón dolido advertí que los que oraban estaban ciegos a la majestad y gloria de Dios.

No tengo derecho a criticar esas expresiones. Pero si esos líderes cristianos hubieran recibido una visión del Señor glorificado, sus oraciones hubieran estado mucho más centradas en Dios mismo. Podrían haber dicho: 'Señor, al contemplarte tal como eres, nos maravillamos de que te intereses por nosotros. Nos sentimos abrumados por tu gloria. Solo podemos decir: Digno eres, Señor, de recibir honor, alabanza, dominio y poder. Caemos postrados ante ti y nos deleitamos en saber que somos criaturas tuyas, que éramos esclavos y fuimos redimidos. Tu amor es incomparable, y no tenemos palabras para alabarte.' Consideremos ahora la oración de Job, y que el Espíritu Santo nos recuerde que necesitamos aprender a temblar en la presencia de Dios, así como también a sentirnos libres y acercarnos a su persona.

El deseo de morir

No se sabe con exactitud la fecha de este antiquísimo libro, pero sin duda está entre los más antiguos de las Escrituras. Algunos estudiosos sugieren que originalmente solo contenía la narración de los dos primeros capítulos y la última parte del capítulo 42. Afirman que un autor posterior compuso los capítulos intermedios. Esta porción central, que es la esencia del libro, utiliza un lenguaje poético extraordinario para relatar la apasionada discusión sobre el significado de la tragedia de Job. Sea como fuere, es un libro inspirado por el Espíritu Santo.

Job era un hombre justo que honraba a Dios y era bendecido por él. Sin embargo, en respuesta a los cínicos comentarios de Satanás respecto a Job, Dios permite que Satanás haga sufrir a Job, pero que no toque su vida. En consecuencia, se abaten sobre Job una secuencia de catástrofes que finalmente lo derrumban. Pierde su fortuna, sus hijos, su salud, y aun el respeto y el respaldo de su esposa. Sumido en la miseria, el dolor, y en una profunda depresión, se niega a caer en la desesperación o maldecir a Dios y morirse. Sus amigos lo exhortan a reconocer que sus dificultades son el resultado de su pecado. Dios nunca puede ser culpado, afirman. Por lo tanto la culpa tiene que ser de Job.

Los capítulos centrales son de difícil lectura para muchos. También lo eran para mí. Leí el libro disciplinadamente varias veces, años atrás, y estoy seguro de haber aprendido algo de esas lecturas. Pero después, al leerlo en una traducción actualizada, no pude suspender la lectura.

Me sentí cautivado por la majestuosidad y belleza del lenguaje, la exposición progresiva de la personalidad de los tres amigos, su amarga intransigencia, y la inexorable negativa de Job de aceptar su veredicto.

Es superficial dejar a un lado el libro argumentando que aborda el problema del sufrimiento. Se trata de un conmovedor relato de un hombre que llega al abismo de la desesperación, pero se resiste a pensar que Dios lo está castigando; y si así fuera, cree que dejaría de hacerlo si escuchara su perspectiva de los hechos. Frente a las acusaciones triviales y aun hostiles de quienes se consideraban sus amigos, Job sabe, aun en medio de su angustia, dolor, sufrimiento y abandono, que puede mantener la frente en alto porque, en última instancia, el universo se sostiene sobre la justicia y, por lo tanto, obtendrá su reivindicación personal ante Dios y ante el mundo.

> Job se niega a caer en la desesperación.

Pero en su tenacidad, Job está peligrosamente a punto de declarar su propia justicia y forzar a Dios a reconocerlo. ¿Podemos culpar a Job? ¿Quién de nosotros podría resistir lo que él sufrió? Job tenía solo dos opciones: la amargura y la desesperación (que era el camino que estaba iniciando cuando llegaron sus amigos), o la airada autojustificación.

En rigor, tus amigos te hicieron un favor, Job. Al empujarte a una defensa airada y sarcástica, te obligaron a abandonar el camino del sin sentido que te llevaba a desear la muerte, y a tomar, en cambio, el camino de la ira, y al menos por un momento fugaz, el de la alegría inefable. Te yergues a la estatura de un héroe épico. En algún sentido,

el Dios que se hace presente parece una figura menor.
(¿Quién es ese ser que, sin tu consentimiento, despreocu-
padamente te arroja en los brazos del malvado Satán, solo
para ganar una apuesta? ¿No había admitido él mismo, al
comienzo, que eras en realidad un hombre excepcional-
mente justo?)

Sin embargo, cuando llegó su turno de hablar, ¿qué es lo
que te dijo? 'Tengo algunas preguntas que hacerte, Job. No
sabes suficiente como para erigirte en mi juez. Permíteme
recordarte quién es cada uno de nosotros' (ver Job 38.1–3;
40.1–2). Y por la respuesta que diste, es obvio que lo viste
y lo escuchaste. Fuiste humillado —¡y cómo!— pero en-
contraste la paz y recuperaste tu sano juicio.

Lo pequeño es hermoso

¿Cómo respondió Job?

'Me tapo la boca con la mano.' De pronto, el torrente de
palabras que había derramado parecía sin sentido, vacío.
Eran palabras redundantes, fuera de lugar. Nada podían
añadir a lo que veía ahora. Las palabras eran tan superfluas
como una tarjeta con comentarios sobre arte, adherida a La
Piedad o a la Mona Lisa. Job supo, como nunca antes, que
si alguien se encuentra con Dios no tiene absolutamente
nada que decir. ¿Cómo podría uno ampliar el contenido
de la omnisciencia o formular una crítica sobre la incan-
descente santidad?

'Yo soy vil.' Es reconfortante que a uno lo pongan en
su lugar. Recuerdo una ocasión en la que entré en la gran
catedral de Ely; a pesar del aspecto desnudo que le daba
la tremenda sobriedad de la construcción, producía un
impacto indescriptible. Mi corazón quedó en suspenso
frente a una espiral ascendente de torres góticas, luz y

espacios llenos de belleza. Era bueno sentir mi propia insignificancia, porque la grandiosidad del lugar hacía que la propia pequeñez fuera a la vez apropiada y reconfortante. Uno no puede, simultáneamente, ser engreído y sentir que se eleva.

Esa fue la experiencia de Job. Vivenció la pequeñez en toda su dimensión: pequeñez moral, intelectual y física, en presencia de la majestuosidad de Dios. Era una experiencia dolorosa porque lo enfrentaba con su propia, estúpida necedad. Nunca estamos bien cuando nos engreímos; quizás creemos que estamos ascendiendo, pero aunque así fuera, siembre habrá cargas y tensiones. Al percibir nuestra verdadera medida por primera vez, quizás nos sintamos heridos; pero solo así nos liberaremos de la carga que implica mantener la imagen importante que hemos proyectado de nosotros mismos. La grandeza dejó de tener importancia para Job, lo mismo que la verborragia.

> **Cuando nos aceptamos como somos encontramos paz.**

Hay algo profundamente sano y santo cuando somos silenciados y empequeñecidos. Actualmente se da mucha importancia al hecho de tener una autoimagen saludable, y es conveniente reconocer los sentimientos de inferioridad que obstaculizan nuestra vida. Sentir que no valemos nada produce una actitud acomplejada y de desprecio hacia nosotros mismos y a la vida. En consecuencia, tratamos de corregir esa situación desarrollando una 'adecuada imagen de nosotros mismos'. Con esa expresión, normalmente aludimos a la necesidad de desarrollar un concepto más grande y mejor de nuestra persona. Se supone que debemos impresionarnos favorablemente cuando nos miramos al espejo.

Pero, ¿es así como quiere Dios las cosas? Me parece que el verdadero problema de una pobre auto-imagen (dicho en términos más anticuados, un 'complejo de inferioridad') está en el disgusto que sentimos hacia nosotros mismos. Realmente no importa cuán pequeños o grandes seamos, lo que necesitamos es estar en paz con nosotros mismos. Pero solo está en paz consigo mismo quien se ha visto en el contexto de la escena total. El problema no está en que seamos pequeños sino en el hecho de que somos competitivos y nos sentimos siempre atrasados en la loca carrera por ganar un lugar en la vida. En consecuencia, nos volvemos resentidos hacia los demás, y hacia Dios. Seguimos los pasos de Lucifer. Competimos por ver quién es el más alto, pero nos medimos con criterios falsos y cambiantes.

Saber que no somos importantes pero que aun así somos aceptados y amados, y que cabemos en el espacio exacto de vida que un Dios amoroso ha preparado para nosotros, es el concepto más profundamente saludable que conozco. Esto no inhibe nuestra valentía ni nuestras decisiones, cuando la situación lo requiere, pero nos libera de la superficialidad y de las poses agresivas y desafiantes. Si sabemos cuál es nuestro verdadero lugar en la vida, no tenemos por qué sentirnos amenazados. Y sobre todo, estamos libres para maravillarnos ante la gloria y la majestad de Dios, absorber el raudal de agua viva que nos ofrece, y conocer para qué fuimos creados.

Los sonidos del silencio

Pequeño y callado.

Aun así, Job debe hablar. Si hubiéramos podido grabar sus palabras en Job 42.3–5, dudo que hubiera sido un discurso fluido y agradable de escuchar; más bien debe haberse expresado con ahogos e incoherencias. 'Yo conozco que todo lo puedes, y que no hay pensamiento que se esconda de ti.' Tenía que decirlo. Quería decirlo. De pronto, pronunciar esas palabras era el mejor regalo que podía ofrecer. No solo estaba contemplando a Dios, sino que estaba apropiándose de la excelsa gloria que significa poder adorarlo. Y aunque sollozara, se ahogara, y la barba se le llenara de moco, tenía que decirlo. ¿Qué otra cosa podía hacer ante una escena tan refulgente?

'¿Quién es el que oscurece el consejo sin entendimiento?' (Job está citando la pregunta inicial que Dios mismo le había planteado en 38.2) 'Así hablaba yo, y nada entendía; eran cosas demasiado maravillosas para mí, que yo no comprendía.' Job se ríe de sí mismo en medio de las lágrimas. Es bueno reírnos de nuestra propia estupidez en la presencia de Dios. Las lágrimas y las risas se mezclan, porque nada importa cuando uno se encuentra a sí mismo, y descubre con asombro que todavía puede respirar.

'Escucha, te ruego, y hablaré. Te preguntaré y tú me enseñarás.' (Una vez más, está repitiendo en medio de sus lágrimas las palabras que Dios había pronunciado en Job 40.7). 'De oídas te conocía, mas ahora mis ojos te ven.' Observe la diferencia. Él no había oído a Dios. Había oído acerca de Dios. Ahora todo ha cambiado: puede escucharlo y verlo.

¿Y qué es lo que vio? Creo que a Job le costaría mucho explicarlo. Podría decirnos: 'Era como si... se parecía a...' y luego sacudiría la cabeza. Es la misma sensación que tenemos al leer a Ezequiel, o a Juan en el Apocalipsis, cuando se esfuerzan por describir lo indescriptible. Ninguna descripción alcanza a la esencia. Job ha descubierto esa intimidad de la que hablábamos antes. No importa cuál fuese la apariencia de Dios, lo que importaba es que Dios y Job estaban uno junto al otro. Vio un remolino, pero no se parecía a ningún otro remolino que hubiera visto antes, y se sintió feliz al exclamar: 'Por eso me aborrezco, y me arrepiento en polvo y ceniza.'

> Somos aceptados y amados tal como somos.

¿Arrepentido? Job ha cambiado completamente. El hombre que había superado en la discusión a tres charlatanes pedantes, y seguía obstinadamente convencido del derecho que le asistía, ahora se arrepiente. Sabe que ha errado. Lo siente intensamente y lo admite con libertad. Casi nos parece que va demasiado lejos. Polvo y cenizas. ¿Quizás una metáfora? ¿O realmente se pondría Job polvo y ceniza sobre la cabeza, como prenda de su humillación? ¿Suena como si se estuviera arrastrando ante Dios?

¿Siente usted desprecio por las personas que se humillan de esa forma? Si es así, quizás se debe a que no los entiende. Lo que seguramente le disgusta es la obsecuencia. Pero cuando alguien se postra en el suelo delante de Dios no está buscando favores. Eso era lo último que hubiera pasado por la mente de Job. Su arrepentimiento era su forma de adoración. El polvo y las cenizas eran tan apropiadas a la circunstancia como el beso de los novios en la boda, y mucho más apasionado. Por cierto, también estaban presentes todo el horror y el desprecio por sí mismo. Pero el torbellino glorioso arrasaría con ambos. No podemos seguir despreciándonos para siempre en la presencia de Dios, porque su gloria lo abrasa todo.

La mayor de las riquezas

Reverencia.

Quizás, si comienza a captar aunque sea un atisbo de lo maravilloso, empiece a entender la importancia que tiene. Podría ejercitarse orando: 'Santificado sea tu nombre', como Jesús nos enseñó a decir. No tiene importancia que lo atrape o no un torbellino. Como ya he advertido, no es sabio andar tras esas experiencias. Lo importante es que Dios reciba la adoración que merece. Es su derecho. Usted tiene el deber de ofrecérselo. Permanezca quieto, por fe, en su presencia. Reconozca y dígale que él es el Dios único y verdadero, que todo el aire que entra en sus pulmones viene de él, que nadie más tiene derecho a gobernar el universo. Dígale que sabe que él es santo y no hay otro como él. Dígale que le debe su lealtad, su cuerpo, su tiempo. Dígale que reconoce que la misericordia que le extiende es totalmente inmerecida. El Espíritu Santo le indicará cómo seguir hablando.

La historia de Job tiene un final feliz. Dios no actuaba así con Job por orgullo, ni era su discurso una altanera forma de humillarlo. La disciplina de Dios estaba destinada a restaurar la perspectiva de Job, y aun a mejorarla. Queda en claro que Job siguió recibiendo la cálida aprobación de Dios (Job 42.7).

Al final del libro, encontramos que su relación con sus amigos ha cambiado. Él es ahora quien va a interceder para que Dios los perdone. Job es reivindicado, no por su propia justicia, sino por la misericordia de Dios; sus amigos, en cambio, son condenados.

Para nosotros no significa nada que Job, al final, llegue a tener el doble en propiedades y en número de hijos. Tendemos a desdeñar las historias que terminan con un 'fueron felices comiendo perdices'. Pero en una época en que eso (prosperidad, hijos) era considerado como evidencia de la aprobación divina, lo que expresa este final es que el sufrimiento no es necesariamente un castigo. Aquellos a quienes Dios ama soportan pruebas que no siempre son resultado del pecado o del juicio divino.

El problema del sufrimiento queda sin resolver en el libro. Sin embargo, para Job ya no había tal problema, no meramente porque hubiera recuperado su fortuna; había incorporado a su vida una riqueza mucho mayor: la que se alcanza al atesorar la majestad y la gloria de Dios. Esa riqueza produce profundo gozo, y Job, finalmente, murió 'muy anciano y colmado de días.' (Job 42.17).

David

✦ ALABANZA Y ✦
ADORACIÓN

avid volvió a reunir a todos los escogidos de Israel, treinta mil hombres. Se levantó David y partió de Baala de Judá con todo el pueblo que lo acompañaba para trasladar de allí el Arca de Dios, sobre la cual era invocado el nombre de Jehová de los ejércitos, que tiene su trono entre los querubines. Pusieron el Arca de Dios sobre un carro nuevo, y se la llevaron de la casa de Abinadab, que estaba en la colina. Uza y Ahío, hijos de Abinadab, guiaban el carro nuevo. Mientras se llevaban de la casa de Abinadab, que estaba en la colina, el Arca de Dios, Ahío iba delante del Arca. David y toda la casa de Israel danzaban delante de Jehová con toda clase de instrumentos de madera de haya, con arpas, salterios, panderos, flautas y címbalos. Cuando llegaron a la era de Nacón, Uza extendió su mano hacia el Arca de Dios y la sostuvo, pues los bueyes tropezaban. Entonces el furor de Jehová se encendió contra Uza: allí mismo lo hirió Dios por aquella temeridad, y cayó allí muerto junto al Arca de Dios. David se entristeció por haber herido Jehová a Uza, y fue llamado aquel lugar Pérez-uza, hasta el día de hoy. Y temiendo David a Jehová aquel día, dijo: '¿Cómo ha de entrar en mi casa el Arca de Jehová?' De modo que David no quiso llevar a su casa, a la ciudad de David, el Arca de Jehová, sino que la hizo llevar a casa de Obed-edom, el geteo. Y estuvo el Arca de Jehová en casa de Obed-edom, el geteo, tres meses; y bendijo Jehová a Obed-edom y a toda su casa.

Cuando se le avisó al rey David: 'Jehová ha bendecido la casa de Obed-edom y todo lo que tiene a causa del Arca de Dios', fue David y trasladó con alegría el Arca de Dios de casa de Obed-edom a la ciudad de David. Y cuando los que llevaban el Arca de Dios habían dado seis pasos, él sacrificó un buey y un carnero engordado. David, vestido con un efod de lino, danzaba con todas sus fuerzas delante de Jehová. Así, con júbilo y sonidos de trompeta, David y toda la casa de Israel conducían el Arca de Jehová. Cuando el Arca de Jehová llegaba a la ciudad de David, aconteció que Mical, hija de Saúl, miró desde una ventana, y al ver al rey David que saltaba y danzaba delante de Jehová, lo despreció en su corazón. Metieron, pues, el Arca de Jehová, y la pusieron en su lugar, en medio de una tienda que David le había levantado; y sacrificó David holocaustos y ofrendas de paz delante de Jehová. Cuando David acabó de ofrecer los holocaustos y ofrendas de paz, bendijo al pueblo en el nombre de Jehová de los ejércitos. Después repartió a todo el pueblo y a toda la multitud de Israel, tanto a hombres como a mujeres, un pan a cada uno, un pedazo de carne y una torta de pasas. Y se fue todo el pueblo, cada uno a su casa. Volvió luego David para bendecir su casa; y salió a recibirlo Mical, y le dijo: '¡Cuán honrado ha quedado hoy el rey de Israel, descubriéndose hoy delante de las criadas de sus siervos, como se descubre sin decoro un cualquiera!' Entonces David respondió a Mical: 'Fue delante de Jehová, quien me eligió en preferencia a tu padre y a toda tu casa, para constituirme como príncipe sobre el pueblo de Jehová, sobre Israel. Por tanto, danzaré delante de Jehová. Y me humillaré aún más que esta vez; me rebajaré a tus ojos, pero seré honrado delante de las criadas de quienes has hablado. Y Mical, hija de Saúl, no tuvo ya hijos hasta el día de su muerte.

2 Samuel 6.1–23

El Señor y la danza

La oración significa mucho más que solamente hablar con Dios: cubre una amplia gama de la interacción entre Dios y los seres humanos. Algunos enfoques modernos de la oración pueden resultar un tanto desconcertantes a las personas conservadoras. Levantar las manos, dar golpecitos en el suelo con los pies, acompañar con guitarras, balancear el cuerpo, repiquetear de castañuelas, maracas, y panderetas son prácticas cada vez más frecuentes en la iglesia moderna. Vemos niñas descalzas con largas túnicas y cabellera suelta, que se balancean al unísono ejecutando una danza en alabanza a Dios. Si bien mucho de lo que estoy describiendo se define mejor con el término más amplio de adoración, que con el más restringido de oración, hay aspectos comunes a ambos que deben ser resueltos.

Los que adhieren a formas más libres de adoración (muchos de los cuales, pero no todos, pertenecen al movimiento carismático) subrayan las referencias a la danza en el Antiguo Testamento. Conviene considerar aquí dos capítulos, ambos en los libros de Samuel, y prestar más atención a las actitudes subyacentes que a la expresión formal de la oración. En particular, observemos dos actitudes que deben presentarse siempre en forma combinada: el regocijo y la reverencia. Los sonidos y el movimiento son menos importantes que las actitudes que los originaron.

Antes que nada, debemos familiarizarnos una vez más con el contexto de los pasajes con los que vamos a tratar. Comenzaré pintando cuatro escenarios, tres de ellos a partir de los pasajes que encabezan este capítulo.

El tabernáculo portátil

Dos vacas tiran de una carreta nueva y acarrean un tesoro del mundo antiguo que la arqueología no ha podido recuperar. Este objeto, muy sagrado, no está cubierto con las telas que deberían protegerlo. Está recubierto de oro. El sol del atardecer refleja su brillo en las alas de los dos querubines, que se enfrentan desde cada extremo de la tapa del arca oblonga. La caja tiene alrededor de 1.20 metros de largo y sus extremos unos 70 cm2 de superficie.

Una multitud, relata 1 Samuel 6, sigue maravillada el andar de las vacas. Príncipes filisteos, sacerdotes, campesinos, soldados, hombres, mujeres y quizás niños, todos se muestran pasmados y subyugados. Y tienen razón para estarlo. Está ocurriendo un milagro delante de sus ojos, un milagro que es la culminación de largos meses de extraños sucesos que han aterrorizado a los filisteos, y les han hecho respetar y temer al Dios que declara habitar entre los querubines del arca.

Los extraños fenómenos comenzaron cuando los filisteos capturaron el arca del pacto (o arca del Señor) en una batalla contra los israelitas. Depositaron el objeto sagrado en el templo de su dios Dagón. El ídolo y el arca quedaron enfrentados durante la noche en el sagrado recinto, y a la mañana siguiente los sorprendidos sacerdotes de Dagón encontraron a su ídolo tumbado cabeza abajo delante del arca. Consternados, lo pusieron otra vez en su lugar. Pero a la mañana siguiente, se perturbaron más aun cuando encontraron a Dagón no sólo tumbado sino hecho añicos. El tronco yacía sobre la plataforma, mientras que la cabeza y los brazos se habían estrellado contra el piso de piedra.

El templo de Dagón estaba ubicado en la ciudad de Asdod y, durante los meses siguientes, los habitantes de la ciudad sufrieron la desgracia de diversas enfermedades, y plagas de ratas. Todos estaban seguros de que la deidad extranjera era la causa de tantos males, y empezó a surgir en sus corazones un nuevo respeto a ese Dios. Consultaron a sacerdotes y adivinos.

Entonces se adoptaron una serie de medidas. En primer lugar se pagó una indemnización al Dios de Israel por el trato indigno que había recibido. Cada una de las cinco ciudades estado de Palestina entregó una rata de oro y un 'tumor' de oro (los estudiosos no están seguros de cuál era la enfermedad que padecían los ciudadanos de Asdod). Los objetos de oro fueron colocados a los lados del arca, en una carreta nueva, tirada por las varas recubiertas en oro que habitualmente portaban el arca. Un par de vacas que nunca habían tenido puesto un yugo fueron uncidas a la carreta, vacas que estaban criando sus terneros. Las vacas debían ser separadas por la fuerza de sus terneros, y se debía permitir que llevarán la carreta donde quisiesen.

Se desconoce la fuente de tan extrañas instrucciones. ¿Qué proceso llevó a los adivinos a semejantes conclusiones? Sin embargo, a medida que se cumplían las órdenes, el milagro comenzaba.

Mugiendo tristemente, separadas de sus terneros, las vacas comenzaron a arrastrar lentamente su carga hacia la frontera con Israel. Una vaca que nunca ha sentido el yugo normalmente se resiste. La carga desconocida la asusta. Podríamos suponer que cada vaca tiraría en sentido diferente haciendo el mismo intento de escapar de lo desconocido y temible. Aun si hubiesen permanecido en calma, que hubiera sido muy raro, lo normal sería que estuviesen demasiado preocupadas por la pérdida de sus terneros como para ir hacia algún sitio. En realidad sí estaban preocupadas. Lo sabemos por el detalle de su triste mugido.

> **Pasaron del milagro al respeto a Dios.**

Cinco príncipes y un número no determinado de filisteos estaban presentes cuando se pusieron en práctica las instrucciones de los sacerdotes. El relato no ofrece ningún detalle. Quizás, al principio, los animales se movieron con incertidumbre, deteniéndose y volviendo a caminar. O quizás no mostraron vacilación en absoluto. Quizás caminaron en línea recto, como se dice que vuela el cuervo. Y al andar, la multitud de filisteos siguió a la carreta en procesión, con estupor y fascinación.

¿Qué es lo que seguían? El altar portátil (el arca era un altar portátil) era un objeto bastante común en el mundo antiguo. En éste, entre los querubines que sobrevolaban la tapa de oro (llamada asiento de la misericordia), Dios hablaba a sus siervos. Bajo la tapa se guardaban algunos objetos: una vasija conteniendo maná, la famosa vara de Aarón y las tablas del Decálogo. El Decálogo era lo que hacía al arca de Israel único entre todos los altares del Medio Oriente. No había, en este, ningún ídolo. El Dios invisible elegía vivir y encontrarse con su pueblo en el sitio donde se guardaba sagrada memoria de su voluntad revelada y escrita.

Lentamente, la carreta cruzó la frontera. Dios no necesitaba ser rescatado por los israelitas. Había vuelto por sí mismo, trayendo a sus asombrados secuestradores como prisioneros en un desfile de victoria.

El regocijo se transforma en terror

Segundo escenario. El sol del atardecer brillaba sobre el dorado valle, en un sitio donde una enorme piedra se destacaba en el campo de trigo. Hombres, mujeres y niños de Bet-semes estaban recogiendo la cosecha. Repentinamente un grito deja atónitos a los cosecheros. Levantan la vista y se encuentran con una extraña escena. Gritos de entusiasmo se repiten en el valle. Dos vacas vienen arrastrando una carreta hacia ellos. De inmediato los campesinos reconocieron el arca de Dios. Lentamente, aparecieron tras el filo de la loma una multitud de filisteos, observando durante un tiempo desde la distancia, antes de regresar a sus hogares.

Todos se olvidaron de la cosecha. En menos de una hora, la carreta había sido quebrada en trozos, y las vacas estaban ya sacrificadas sobre la piedra de Bet-semes, transformada en un improvisado altar. Los cosecheros reían y cantaban de alegría; por primera vez en muchos meses hacían un sacrificio delante de su Señor.

Lo que ocurrió después no está muy claro. Algunas traducciones de la Biblia dan a entender que la culpa fue de algunos hombres de la aldea, que trataron de mirar dentro del arca. Las traducciones más recientes, que tienen acceso a una selección más amplia de manuscritos antiguos, simplemente relatan que ciertos hombres, a diferencia del resto del pueblo, 'no se regocijaron'. Algo, sea lo que fuere, no se hizo correctamente. Sin advertencia alguna, setenta hombres del lugar murieron.

En un instante, el clima de fiesta se desvaneció. La ansiedad y el temor se instalaron como una nube sobre el valle. 'Y lloró el pueblo, porque Jehová lo había herido con una mortandad tan grande' (1 Samuel 6.19). El miedo los hizo alejarse de Dios. Una amenaza se había levantado en medio de ellos. Quedaba demostrado que el arca no era un mero talismán mágico; el protector divino también podía ser juez. Los israelitas no podían ser más 'dueños' del arca que los filisteos. ¿Quién quiere mantener cerca un Ser tan impredecible?

Finalmente, Dios fue 'desterrado' a un sitio llamado Quiriat-jearim, donde vivían los gabaonitas. Se designó a un cuidador para que se ocupara de él, casi como si fuera una bestia peligrosa, mientras 'toda la casa de Israel suspiraba por Jehová' (1 Samuel 7.2). Durante veinte años siguieron lamentándose. Pero a pesar de eso, seguían sin entender.

La muerte y la buena fortuna

Finalmente terminaron los lamentos. En el tercer escenario, David y toda una hueste del pueblo se decidió a traer el arca desde donde la 'cuidaban' hacia Jerusalén. Cuando la procesión regresaba, dio comienzo una celebración como nunca antes se había visto en Irsael. El aire se llenó de música, música de canciones y de instrumentos. La risa se mezclaba con el canto, y los bailarines sacudían el cuerpo en alegre frenesí. Dios regresaba a su santuario. Y nadie danzaba con tanto abandono como el rey David.

La música, el canto, la risa, la danza... todo era expresión de alabanza y alegría delante del Señor. Poco caben estas expresiones en nuestro concepto más convencional de la oración; y Dios no permita que las lleguemos a confundir como única forma de oración. Esta puede manifestarse tanto en un llanto ahogado como en una danza alegre.

Puede ser un sollozo o una canción. En la oración podemos preguntar, razonar, suplicar, argumentar o inclinarnos en silencio. Pero en este caso concreto, estamos frente a la oración como danza, sonido de cuerdas, repiqueteo de tamboriles y canto.

Todo iba bien hasta que la muchedumbre, agotada, se acomodó para pasar la noche en una finca. Cuando arrastraban la carreta (una carreta nueva) hacia la era, se sacudía tanto que el arca se inclinó a punto de caerse. Uza, uno de sus custodios, extendió la mano para evitar que se cayera, e inmediatamente cayó muerto.

Fue como si se repitiera la historia de veinte años atrás. Una vez que pasó la conmoción inicial, un silencio reverente se apoderó de toda la multitud acongojada. David mismo estaba furioso y amargado. También estaba asustado. No sintió más deseo de danzar. Su gran proyecto había terminado en tragedia y humillación.

Dejaron el arca en casa de un hombre llamado Obed-edom el geteo, y la procesión volvió a Jerusalén con las manos vacías. Pero cuando la multitud se alejaba, la casa de Obed-edom comenzó a experimentar una alegría y prosperidad antes desconocida, y durante tres meses se vio favorecido por la buena fortuna.

El fin de un matrimonio

¿Qué fue lo que hizo cambiar de idea a David y volver por el arca? Seguramente las noticias acerca de la prosperidad de Obed-edom lo hicieron pensar. Pero, ¿qué garantía tenía de que no volvería a ocurrir alguna tragedia? ¿Cómo podía alguien estar seguro de que no volvería a suceder? Si yo hubiera estado en el lugar de David, al buscar nuevamente el arca hubiera ido temblando. No hubiera habido música ni danza, sino solo cabezas inclinadas en una marcha solemne y reverente.

Hubo un pequeño cambio: esta vez, se ofreció un sacrificio antes de que la procesión se pusiera en marcha. Sin embargo, es otro el cambio que quiero destacar. También se habían ofrecido sacrificios en Bet-semes, y sin embargo habían muerto setenta hombres. La diferencia significativa fue que esta vez el arca sería cargada sobre los hombros, en lugar de ser conducida en una carreta como si se la exhibiera en una feria o se tratara de una carroza de la antigüedad (ver 2 Samuel 6.13; 1 Crónicas 15.15).

¿Por qué es tan importante esta diferencia? El arca no había sido hecha para ser conducida sobre una carreta. Las leyes levíticas contenían, al respecto, instrucciones muy precisas. Las varas recubiertas de oro, que se calzaban en los anillos de las esquinas inferiores del arca, estaban diseñadas para ser portadas en hombros por los levitas. Uno puede conducir un carro. En cambio, podríamos decir que cuando la sagrada presencia está posada sobre los hombros, entonces uno es conducido.

Cientos de años antes, Dios había conducido a su pueblo hasta cruzar el río Jordán, mientras los sacerdotes cargaban el arca y Dios abría el camino para ellos, en medio de las aguas turbulentas (ver Josué 3.1–6). Portado de esa manera, sobre los hombros de sus siervos, Dios mantenía el control. Al llevar a Dios de esa forma, los hombres mostraban reverencia, sumisión. El caballo es el obediente siervo del jinete, y cuanto más poderoso es el jinete, tanto más sumiso es el caballo.

Fue un pequeño cambio, pero demostraba una enorme diferencia en la relación entre Dios y la humanidad. Dios no era manejado como una exhibición ni guardado como un talismán, sino que gobernaba y guiaba a sus súbditos.

No me cabe ninguna duda de que David había aprendido la lección de la reverencia, pero ahora también entendía que la reverencia y el regocijo son compatibles. De modo que la música volvió a sonar, los cantores derramaron el corazón en melodías, y David condujo a los bailarines desde la casa de Obed-edom a Jerusalén, en medio de una gozosa y frenética danza.

Mientras sonaban las trompetas y la festiva procesión pasaba bajo las ventanas, Mical, la esposa de David, se mordía los labios, humillada. Cada vez había más gente. Se hacían más y más ofrendas. Se distribuía comida entre la gente. Luego toda la población se volvió a sus hogares, cansada, agradecida y contenta. Pero David se encontró en su propio hogar con una esposa resentida. Su mirada estaba llena de ira, y espetó a David todo su desprecio. Le reclamó que se había exhibido vulgarmente.

La relación entre ellos, siempre turbulenta, terminó allí para siempre.

Pornografía espiritual

¿Tenía razón Mical? ¿No había sido más que mera desinhibición toda la danza, la música y el salvaje abandono? ¿Se habían estado comportando, hombres y mujeres, simplemente como bárbaros, o como bestias, en una especie de orgía que nada tenía que ver con la verdadera oración?

David no pensaba así. 'Fue delante de Jehová ... por tanto, danzaré delante de Jehová', afirmó categóricamente. No hay ninguna insinuación, en los pasajes que hemos estado resumiendo, de que esta desinhibición haya ofendido a Dios. Tal vez no era compatible con la idea que algunas personas tenían acerca de la dignidad, pero ¿qué importa nuestra dignidad cuando estamos delante del Altísimo?

Es la dignidad de Dios la que importa. Y la dignidad de Dios reside en su majestad y valor inherente, no en nuestra capacidad de reprimir las emociones más profundas. La dignidad que solo puede mantenerse ocultando lo que siento, no es verdadera dignidad. Es más bien rigidez. No fuimos hechos a la imagen de un Supremo Cuello Almidonado.

> Cuando
> la sagrada
> presencia
> está posada
> sobre sus
> hombros,
> uno es
> conducido.

Yo soy británico por nacimiento y por crianza, así que el almidón de mi cuello no se va con el lavado. En reuniones donde la gente se siente guiada por el Espíritu a levantar las manos en alto, descubro que tengo reuma en los hombros. Me costaría tanto danzar en el Espíritu como subirme a la cuerda de un trapecista. Sin embargo, sé que, una vez que se han dejado a un lado las modas, fanatismos y falsedades, hay personas a quienes el Espíritu de Dios les da la gracia de alabarlo en la misma forma que David lo hizo. La ira de Dios no fue provocada (ni lo es hoy) por el regocijo ni por las expresiones de frenesí. La mayoría de los estudiosos concluye que, en realidad, fue por la falta de regocijo que fueron muertos los setenta hombres en Bet-semes.

Comencé este capítulo sugiriendo que debemos combinar dos actitudes cuando nos acercamos a Dios en oración, cualquiera sea la forma en que expresemos nuestra plegaria; esas actitudes son el regocijo y la reverencia. La ausencia de regocijo, especialmente cuando es pertinente, equivale a pecado. Mostrar indiferencia o resentimiento hacia Dios son como gotas de agua sobre una plancha caliente, que se evaporan en el acto. Debemos acercarnos a Dios con gratitud, alabanza, y acción de gracias.

Pero el regocijo sin reverencia se transforma en pornografía espiritual, algo muy difundido en nuestra época. Carismáticos y no carismáticos tenemos nuestras propias formas de ser irreverentes en la alabanza. Tenemos conductores de la música que exhiben su blanca dentadura y nos exigen que sonriamos al cantar. Se nos pide que hagamos temblar las vigas con nuestras voces, y es cierto que a veces disfrutamos tanto de las melodías como de las letras de lo que cantamos. Empezamos a regocijarnos. Pero, como hemos aprendido al leer a Job, necesitamos aprender a ser reverentes cuando nos regocijamos.

La reverencia empieza por el temor, aunque no son sinónimos. El temor puede ser una puerta que nos conduzca hacia la reverencia, pero no debemos confundirlos.

En los pasajes que hemos examinado, el temor surgió como reacción a la ira de Dios. El enojo que Dios mostró en Bet-semes provocó tanto temor en sus habitantes que se desprendieron del arca. Esto nos muestra qué diferentes son los efectos del temor y de la reverencia. El temor, por sí solo, nos aleja de Dios. La reverencia nos trae temblorosos hasta sus pies. La ira de Dios contra Uza (2 Samuel 6.7) hizo que David se airara (2 Samuel 6.8) y también sintiera temor (2 Samuel 6.9).

> No cuenta nuestra dignidad sino la de Dios.

No tenemos problema con la idea de sentir reverencia por Dios, pero nos choca que la reverencia se aprenda por medio del temor, y nos perturba más aun que haya sido la ira de Dios lo que haya despertado ese temor. No queremos pensar en el temor que podríamos sentir ni en la ira que Dios puede expresar. Parte de nuestra confusión se debe a que pensamos que la ira de Dios se parece a la nuestra, cuando nada está más lejos de la verdad.

Mi ira, por ejemplo, a menudo nace de la impaciencia. Se quiebra la mina del lápiz. Pongo el lápiz en el sacapuntas pero la mina se vuelve a cortar dos veces cuando ya está casi a punto. Me enojo. Estoy apurado y se me acaba la paciencia. Dios, en cambio, nunca está apurado. A él no lo impacientan esas cosas.

> Dios espera nuestro regocijo.

Otras veces me enojo porque me veo débil e impotente. El gobierno, mi jefe, los recaudadores de impuestos, todos me asedian. Me quejo y protesto porque no me queda remedio. Toco la bocina en el tráfico porque no tengo cómo sacar del medio a los vehículos que se atascaron adelante. Dios no tiene ninguna necesidad de impacientarse. Nunca se siente frustrado. Él es todopoderoso. No hay nada que se resista a su poder.

Hay personas que se enojan porque tienen miedo. Dios nunca tiene miedo. He visto personas que se enojan cuando no se atreven a decir lo que piensan. El esposo tiene miedo de decirle a su esposa lo que piensa, y entonces patea al perro. Dios se expresa sin ningún asomo de temor. No tiene necesidad alguna de desquitarse con los inocentes.

¿Qué es, entonces, la ira de Dios? Es una hostilidad implacable hacia todo lo malo. Aunque a veces leemos que la ira de Dios se 'enciende', en realidad se trata de una figura literaria. La ira de Dios es estable. Es absoluta, inmutable, eterna. Es parte de sí mismo. No podría seguir siendo Dios si dejara de sentir ira hacia el mal. Se enoja porque es Dios, de la misma forma que ama porque es Dios. Se enoja con los gobiernos corruptos, con la crueldad, la opresión, la violencia, el terrorismo, la explotación y toda forma de maldad con la que el ser humano hace daño a su prójimo y a la creación.

Pero, a la vez, Dios detiene la manifestación de su ira. Es paciente y demora su juicio. Cuando expresa su ira, es porque tiene un importante propósito para hacerlo.

¿Por qué habría Dios de atemorizarnos? Es absurdo que pensemos que el temor en sí es malo. El temor puede ser bueno o malo según el efecto que tenga sobre nosotros. El temor que un niño adquiere hacia el fuego puede generar en él un saludable respeto por su poder destructivo, actitud que le permitirá más tarde hacer uso cuidadoso de los beneficios del fuego. Sin ese temor el niño podría sufrir graves quemaduras. Sería preferible que el pequeño tuviera un terror insuperable hacia el fuego y no que el fuego acabara con él. Pero es mejor si ese niño, mediante el temor, aprende cierto grado de respeto que le permita controlar el poder del fuego.

> Cuando Dios expresa ira lo hace con un propósito.

El temor, entonces, es un escalón hacia nuestro enriquecimiento espiritual. Sin el temor quedamos expuestos a peligros de los que tenemos poco o ningún conocimiento. Si por medio del temor aprendemos a reverenciar a Dios, estaremos en camino hacia la sabiduría.

De una cosa podemos estar seguros. Dios no perdió los estribos con Uza ni con la gente de Bet-semes. Había una razón por la cual dio curso a su ira en esas ocasiones, y de esa forma. En ambos casos, hubo un saludable efecto. El pueblo de Israel aprendió que Dios estaba por encima de todo. Dios no era un talismán. No era una propiedad del pueblo, un recurso de la nación. Era 'su' Dios sólo en el sentido de que él, por gracia, los había elegido, no a la inversa. Ni Uza ni los setenta hombres de Bet-semes recibieron un trato injusto. Cada uno de ellos merecía mil veces más la muerte. En su misericordia, Dios permitió que sus justos juicios fueran una advertencia a Israel en general y a David en particular, de algo que necesitaban saber a cualquier precio: que Dios es Dios, que los seres humanos son seres humanos, y que la presencia de Dios en medio de ellos era un privilegio que la raza humana no merece en absoluto y nunca debe dar por sentado.

La reverencia trajo regocijo.

Al leer los salmos resulta evidente que David ya tenía conocimiento de esta verdad antes de estos sucesos. Pero lo había olvidado. La muerte de Uza sirvió como un crudo recordatorio de quién era Dios. A medida que pasaron los meses y le llegaron las reconfortantes noticias de la prosperidad de Obed-edom, el temor dejó lugar a la reverencia, y con la reverencia, surgió nuevamente el regocijo. El exhibicionismo dejó lugar a la adoración.

Dance, si lo desea, delante del Señor Jehová. Cante sus alabanzas con alegría, sin inhibición. Siéntase contento en su presencia, y bata palmas. Que las guitarras dejen sonar sus melodías y las castañuelas sus repiqueteos. Marque el ritmo con los pies y balancee el cuerpo. Pero recuerde que está en la presencia del Dios Altísimo. Él nos permite respirar. Él sostiene nuestro corazón entre sus dedos. Nunca cesará su ira contra el mal. A usted no le hace daño porque su ira está apaciguada por la sangre de su Hijo Unigénito. Por amor a él, Dios lo recibe a usted con amor. Regocíjese, entonces, con reverencia y santo temor.

Pablo

✦ INTERCEDE POR ✦
EL PUEBLO DE DIOS

n él asimismo tuvimos herencia, habiendo sido predestinados conforme al propósito del que hace todas las cosas según el designio de su voluntad, a fin de que seamos para alabanza de su gloria, nosotros los que primeramente esperábamos en Cristo. En él también vosotros, habiendo oído la palabra de verdad, el evangelio de vuestra salvación, y habiendo creído en él, fuisteis sellados con el Espíritu Santo de la promesa, que es las arras de nuestra herencia hasta la redención de la posesión adquirida, para alabanza de su gloria. Por esta causa también yo, habiendo oído de vuestra fe en el Señor Jesús y de vuestro amor para con todos los santos, no ceso de dar gracias por vosotros, haciendo memoria de vosotros en mis oraciones, para que el Dios de nuestro Señor Jesucristo, el Padre de gloria, os dé espíritu de sabiduría y de revelación en el conocimiento de él; que él alumbre los ojos de vuestro entendimiento, para que sepáis cuál es la esperanza a que él os ha llamado, cuáles las riquezas de la gloria de su herencia en los santos y cuál la extraordinaria grandeza de su poder para con nosotros los que creemos, según la acción de su fuerza poderosa. Esta fuerza operó en Cristo, resucitándolo de los muertos y sentándolo a su derecha en los lugares celestiales, sobre todo principado y autoridad, poder y señorío, y sobre todo nombre que se nombra, no solo en este siglo, sino también en el venidero. Y sometió todas las cosas debajo de sus pies, y lo dio por cabeza sobre todas las cosas a la iglesia, la cual es su cuerpo, la plenitud de Aquel que todo lo llena en todo.

Efesios 1.11–23

Por esta causa doblo mis rodillas ante el Padre de nuestro Señor Jesucristo (de quien toma nombre toda familia en los cielos y en la tierra), para que os dé, conforme a las riquezas de su gloria, el ser fortalecidos con poder en el hombre interior por su Espíritu; que habite Cristo por la fe en vuestros corazones, a fin de que, arraigados y cimentados en amor, seáis plenamente capaces de comprender con todos los santos cuál sea la anchura, la longitud, la profundidad y la altura, y de conocer el amor de Cristo, que excede a todo conocimiento, para que seáis llenos de toda la plenitud de Dios. Y a Aquel que es poderoso para hacer todas las cosas mucho más abundantemente de lo que pedimos o entendemos, según el poder que actúa en nosotros, a él sea gloria en la iglesia en Cristo Jesús por todas las edades, por los siglos de los siglos. Amén.

Efesios 3.14–21

La intercesión

La Carta de Pablo a los Efesios consiste en una oración en dos partes; es una súplica envuelta en exhortaciones y en teología, y ligada por el amor. Mi expresión es que la oración es el eje alrededor del cual gira toda la carta. La introducción de Pablo nos lleva hasta la oración. Cuando está por la mitad, se pasa de andarivel, abrumado por lo maravilloso que es el Cristo del que está hablando (Efesios 1.20–23); luego de explayarse en ese tema, trata de retomar la oración (Efesios 3.1), pero vuelve enseguida a salirse de andarivel. Recién hacia el versículo 14 logra organizarse y terminar de decirles a los efesios por qué y de qué manera está orando. Las exhortaciones que completan la carta son exhortaciones que solo podemos hacer después de haber orado como lo hizo Pablo.

Si bien considero la oración como la esencia, y el resto de la epístola como lo que envuelve a la esencia, no pretendo forzar la interpretación. La teología y las exhortaciones tienen una importancia innegable; sin embargo, al leer la carta, es como si Pablo, entusiasmado, introdujera esas joyas como una forma de explicar porque ora de esa manera. Para muchos, estas joyas son lo esencial. Sospecho que para Pablo eran lo secundario.

Esta oración difiere de las que hemos considerado hasta aquí. En lugar de escuchar a Pablo mientras ora, leemos una carta en la cual describe su súplica por los efesios. A pesar de ello, la oración pierde muy poco en la narración.

'Por esta razón …' escribe. ¿Por cuál razón? Pablo acaba de mencionar una docena de posibles razones por las cuales orar. ¿A cuál de los muchos factores que menciona en la introducción de la epístola se está refiriendo?

El combustible y la llama

El porqué es importante porque a nosotros mismos nos cuesta bastante entrar en oración. Puede ser relativamente fácil orar cuando volvemos entusiasmados después de un encuentro o un retiro, o cuando hemos leído un interesante libro sobre el tema, o aun cuando nos encontramos sumidos en una crisis, con serios problemas que nos vuelven conscientes de nuestra necesidad de ayuda divina. Pero la intercesión diaria (la oración por otros), mes tras mes, a menudo se vuelve una carga. Evidentemente no lo era tanto para Pablo. En su entusiasmo, las palabras van saliendo como en tropel. Parece feliz de compartir con los efesios lo contento que está al orar por ellos. ¿Por qué? Porque las llamas de la oración están ardiendo con fuerza en su corazón, alimentadas como estaban por el combustible de la verdad.

La oración es un fuego que necesita combustible para arder. Si el fuego arde muy suavemente, podemos echar viento para que la llama cobre vigor. Pero no habría pantalla ni viento en el mundo capaz de crear una fogata con una pila de carbones fríos. El fuego viene de arriba; en realidad, ya ha venido. El Espíritu Santo arde quedamente en el cristiano, listo para encender el combustible de la verdad de las Escrituras. Pero el combustible debe estar presente.

En el caso de Pablo, es evidente que su mente estaba empapada de la verdad divina, y esta le servía como combustible que hacía arder sus oraciones. En los tres primeros capítulos de la epístola le cuesta, como ya hemos observado, concentrarse en describir la oración en sí misma, porque está preocupado por las verdades acerca de Cristo. Sin embargo, al expresar esas verdades, nos está revelando su secreto, porque ellas son el combustible que enciende sus oraciones. Cuando el Espíritu Santo movió a Pablo a prestar atención a lo que Dios estaba obrando entre los efesios, se encendió una llamarada dentro de Pablo. La vibrante melodía de la verdad tomó vida en su interior, y nació la oración. Si no hubiera habido combustible allí, no hubiera tenido los recursos necesarios para orar, porque el Espíritu Santo no enciende un corazón vacío, sino más bien una mente instruida. Somos colaboradores y socios conscientes en la oración, no instrumentos ciegos.

Si queremos interceder por otros debemos empapar nuestra mente en las Escrituras, para que el Espíritu Santo tenga el combustible necesario para encenderse dentro de nosotros. Debe haber suficiente combustible, no solamente textos aislados elegidos al azar. El combustible debe ser abundante y bueno. Las promesas pueden encenderse rápidamente, pero para que haya un fuego duradero necesitaremos conocimientos sólidos acerca de la naturaleza y el carácter de Dios y de su Cristo, y de su acción en la historia humana. La paja puede producir una llamarada brillante, pero necesitamos leños para mantener ardiendo la fogata.

Permítanme expresar lo mismo de otra manera. No podemos orar ardientemente sin fe y sin esperanza. Si nos acercamos a una puerta seguros de que no habrá nadie en la casa o temiendo que se nos reciba con indiferencia, no nos sentiremos dispuestos a golpear más de una vez. En cambio, el hecho de que hayamos sido recibidos frecuentemente con afecto, nos dará la fe y la esperanza necesarias para llamar con más fuerza la segunda vez. De la misma forma, la fe y la esperanza que tenemos en Dios le dan vitalidad y persistencia a nuestra oración. Ambas virtudes, la fe y la esperanza, nos llegan en la medida que tenemos las Escrituras atesoradas en nuestra mente y corazón. Entonces, si queremos saber lo que significan las oraciones que arden en esperanza, o, para decirlo de otra manera, si queremos llamar a la puerta confiadamente, necesitamos que nuestra mente esté moldeada por las Escrituras.

> Para interceder por otros debemos empaparnos de las Escrituras.

No quisiera dar la impresión de que solamente debemos orar cuando estamos ardiendo en un éxtasis bendito. A veces necesitaremos aventar las llamas de la oración, y quizás debamos hacerlo con fuerza y en forma sostenida. No podemos dejar de cumplir un deber porque nuestras emociones no se adecuen a la labor.

Pero al mismo tiempo, debo ser cuidadoso al expresar lo que quiero decir cuando digo que debemos aventar las llamas de la oración, porque forzarnos a desarrollar un falso fervor puede ser algo destructivo para nuestra alma; puede paralizarnos, y deshonrar a Dios. ¿Qué vamos a soplar si no hay nada que pueda arder?

Aventar las llamas, entonces, significa meditar sobre las Escrituras, declarando ante Dios nuestra confianza en su infalibilidad, alabándolo por lo que leemos y preguntándole si las verdades en las que meditamos se aplican a aquellos por quienes oramos. Puede complacerle al Espíritu Santo, en alguna ocasión, producir una repentina llamarada en el combustible, y entonces resulta innecesario aventar. En otras palabras, sea o no necesario soplar, el combustible debe estar presente para que llegue a arder.

Al considerar la oración de Daniel, vimos cómo Dios había tomado la iniciativa, al motivarlo por medio de las Escrituras. Evidentemente ocurre lo mismo en el caso de Pablo. En la situación de Daniel la Palabra le produjo tensión, mientras que en Pablo le produjo deleite; pero el resultado final fue el mismo en ambos: la oración.

Dado que el combustible que hace arder la llama de la oración es la verdad de las Escrituras, ¿cuáles son las verdades específicas que movieron a Pablo a orar? Voy a resumir los versículos de Efesios 1.11–15, ya que pueden tener peso en nuestra propia vida de oración: Dios tenía un propósito para los efesios. Su plan era que vivieran para 'alabanza de su gloria'. Dios había dado el Espíritu Santo a los efesios, y de esa forma había garantizado que este plan se llevaría a cabo. Existía ya evidencia en las vidas de los efesios de que el Espíritu Santo había estado obrando.

Si estamos orando por nuestros hermanos cristianos, deberíamos hacernos las siguientes preguntas: ¿Quién los rescató de la muerte? ¿Qué tenía en mente al hacerlo? ¿Quién escribió sus nombres en el Libro de la vida? ¿Quién les dio el Espíritu como garantía de su adopción como hijos? ¿Quién vive para siempre para interceder por ellos? ¿Quién ha prometido acabar la obra que comenzó (Filipenses 1.6)? ¿Qué siente Dios hacia la persona por la cual estamos orando? ¿Qué ha invertido Dios en ella? ¿Cómo es Dios? ¿Puede ocurrir que Dios se canse de las personas y las abandone?

Alabar cuando sea pertinente

'No ceso de dar gracias por vostros' (Efesios 1.16). Pablo no está usando una fórmula diplomática, simplemente está diciendo la verdad. Él constantemente alaba a Dios por los efesios.

¿Era importante que lo hiciera? Agradecer por un hermano en la fe es importante al menos por dos razones. En primer lugar, Dios merece ser alabado por su creación, porque ha mostrado interés por alguien que nunca lo hubiera merecido. Se acercó a él por medio del Espíritu Santo y lo conquistó. Reunió miles de pequeñas circunstancias en la vida de esa persona, preparándola para que reconociera su pecado y aceptara la gracia que él le ofrece. Aunque un solo hombre hubiera recibido esas atenciones y esfuerzos de parte de Dios, todos nosotros estaríamos en el deber de alabarlo y agradecerle por tan maravillosa muestra de amor.

Pero hay una segunda razón por la cual dar gracias. No podemos agradecer a Dios y seguir siendo los mismos. Nuestra perspectiva cambia cuando abrimos nuestras mentes hacia Dios en oración. Nace la esperanza. ¿Es la persona por la que oramos un caso difícil? Si es así, ¿estamos quizás centrando nuestra atención en las dificultades más que en el Dios que domina las dificultades? ¿Estamos fijándonos más en lo que falta hacer que en lo que ya se hizo?

Comience su oración con acción de gracias. Agradezca a Dios que haya descendido del cielo para salvar a aquella persona por la cual está orando. Agradézcale por cualquier evidencia de su obra, presente o pasada. Agradézcale por los inmutables propósitos que tiene para con la persona por la que ora. Solo cuando lo haya hecho, comenzará a ver las circunstancias desde la perspectiva adecuada.

Y le ocurrirá algo más. Dejará de orar envuelto en la oscuridad de su propia sombra. Usted no tendrá libertad para orar mientras esté obsesionado por la negrura de su sombra. Enorme y amenazante, se proyecta en la pared, acusándolo porque no sabe orar, porque es incompetente, porque le falta fe. Y mientras usted se encoge y se vuelve cada vez más pequeño, su sombra se agranda y se vuelve más y más oscura. Sea agradecido. Dios está haciendo algo nuevo en usted; las sombras no son más que sombras.

> Nuestra perspectiva cambia cuando abrimos la mente a Dios en oración.

La oración tiene que ver con la realidad: con un Dios real que puede oír; con un triunfo histórico en la cruz, evidenciado por una tumba vacía; con Jesucristo, nuestro sumo sacerdote que vive e intercede por nosotros ante el trono de Dios; con milagros ciertos que el Espíritu ya ha producido en la vida de la persona por la cual usted ora; con un Espíritu que todavía está presente, luchando por transformar el corazón de él o de ella. Agradezca a Dios por todas estas cosas cada vez que ora. Concentre su mente en las realidades, y las sombras se van a desvanecer. Agradezca a Dios y alábelo. Él desea oír lo que usted dice.

Rompamos los espejos del carnaval

¿Qué pidió Pablo para sus amigos efesios (ver Efesios 1.17–21)? Supongamos que usted está escribiendo una carta a un amigo por el que ora con cierta regularidad. ¿Qué le diría? 'Estoy orando por ti, José. Le estoy pidiendo a Dios que te bendiga y te guíe. Oro intensamente por ti. Oro para que Dios te bendiga ricamente.'

¿Qué significan exactamente sus palabras? ¿Qué significa bendecir? ¿Es una palabra que sirve para evitar ser más concretos? ¿Nos da mucho trabajo pensar en un pedido específico? Por supuesto que resulta más fácil orar si José tiene neumonía, o si su novia acaba de morir en un accidente. No resulta difícil orar en esas circunstancias. Pero si no ocurre nada dramático en la vida de José, y está andando más o menos bien en su vida como cristiano, ¿cómo se supone que debemos orar? Hablar de bendición resulta útil. Probablemente usamos esta palabra en distintas circunstancias para expresar conceptos tales como: 'Haz lo sea mejor para José, y que todo resulte para su bien. Haz que sea mejor cristiano en uno u otro aspecto. Haz que sea feliz.' Etcétera.

¿Son estas las cosas que Dios quiere para José? ¿Qué es lo que Dios quiere? Recuerde que Dios tiene sus propias metas para la vida de José. Dios compartirá esos propósitos con usted en la medida en que usted esté dispuesto a involucrarse con él en una sociedad de oración. Quizás necesite empezar así: 'Señor, no sé cómo orar por José. Te agradezco por haberlo acercado a tu persona. Sé que has estado obrando en su vida. ¿Qué es lo que más necesita? ¿Qué estás tratando de hacer en él?' Dios sigue teniendo la iniciativa en la vida de José, y nosotros nos ponemos de su lado: de eso se trata, en última instancia, la oración.

Las metas de Dios pueden ser muy diferentes de las nuestras. Para entender qué metas son importantes para él, observe los pedidos específicos que Pablo hace respecto a los efesios. Son pedidos un poco extensos, y es difícil captar su significado en una primera lectura. Por ejemplo, consideremos esta larga frase: 'Que el Dios de nuestro Señor Jesucristo, el Padre de gloria, os dé espíritu de sabiduría y de revelación en el conocimiento de él; que él alumbre los ojos de vuestro entendimiento, para que sepáis…' Si examina la petición con cuidado, notará que, aunque parece complicada, no es ambigua. Pablo está requiriendo algo específico y definido. Los cristianos somos cortos de vista; nuestra perspectiva está distorsionada. Estamos bombardeados desde todos lados por valores falsos, vivimos entre personas cuyas metas son la prosperidad material, la seguridad, el placer, el prestigio. Es inevitable que absorbamos la atmósfera que nos rodea, y finalmente el cielo nos parece muy remoto, mientras que el aquí y el ahora se instalan cómodamente en nuestro pensamiento. El futuro se reduce al día de mañana, a la próxima semana, a los próximos diez años. Somos como esas personas que se miran en los espejos curvos de las ferias de diversión, pero a diferencia de ellos, que se ríen a carcajadas ante las grotescas imágenes, nosotros tomamos lo grotesco como si fuese normal: ni siquiera nos divierte. Es más, organizamos nuestras vidas sobre la base de esas imágenes.

La oración de Pablo por los efesios es tan vital para las iglesias de occidente como lo era para los cristianos de Éfeso. Los espejos distorsionados deben ser destruidos y reemplazados por espejos veraces. Necesitamos ver como Dios ve. El Espíritu Santo debe hacer una obra sobrenatural y remover las escamas de nuestros ojos, para que entonces podamos ver.

¿Y qué es lo que necesitamos ver? Son tres cosas las que se mencionan: la esperanza que tenemos por delante, nuestro valor para con Dios, y el extraordinario poder que está a nuestra disposición (Efesios 1.18–19).

El triunfo es seguro

La esperanza que tenemos es la de participar en el triunfo final de Cristo. También la de vivenciar la inmortalidad y ser revestidos de vida. El mal será vencido, juzgado y eliminado. Cuando miramos la vida en nuestros propios espejos, nos parece que las cosas nunca van a cambiar, o que si lo hacen será para empeorar. El aquí y ahora nos agobia. Nuestro trabajo, nuestros estudios, nuestros problemas, la perspectiva de una tercera guerra mundial… todos son temores que pueblan nuestro horizonte.

Pero, para los cristianos, el futuro significa algo más que mañana mismo o diez años por delante, porque Cristo vuelve. Tras la aparente confusión hay un plan bien ordenado, un plan del que formamos parte y que está dirigido por Aquel que se sienta a la diestra de Dios. Nosotros juzgaremos a ángeles y a presidentes, y seremos administradores de un nuevo orden universal. Y lo mismo será con aquel hermano en la fe por el que oramos. Todos necesitamos tener los ojos bien abiertos a la esperanza, esa esperanza a la cual nos ha llamado Dios.

Tome nota de que estoy usando la palabra esperanza como 'certidumbre'. En las Escrituras, la esperanza se refiere a hechos futuros que van a suceder, sí o sí. La esperanza no es un engaño para alentar nuestros espíritus y mantenernos a todos avanzando a ciegas hacia un destino inevitable. La esperanza es la base de la vida cristiana. Representa la realidad definitiva, porque el cristiano debe ser realista. Para vivir como cristianos, debemos despertar a la realidad. Quizás usted necesita ese despertar. Si es así, yo suplico por usted lo mismo que Pablo suplicaba por los efesios, para que usted a su vez pueda hacer esa petición por sus amigos: que Dios abra sus ojos a la gloriosa esperanza que tenemos por delante, una esperanza ante la cual toda crisis (personal o internacional) parece pequeña.

José es un tesoro de Dios

Su amigo José es una de las joyas de Dios. ¿Le sorprende esta declaración? Quizás usted lo ve como un 'buen muchacho' o un 'gran cristiano'. Pero ninguno de estos datos es lo que lo hace valioso para Dios.

Él es precioso para Dios porque ha invertido mucho en él. Si usted se diera cuenta de esto cuando ora por José, sospecho que su oración brotaría con más fluidez. Parte de su problema puede ser que no está realmente consciente de cuán valioso es José para Dios, cuánto interés tiene en él. ¿Recuerda la parábola del Buen Pastor? Esta parábola nos enseña que Dios tiene sentimientos respecto a cada persona. Él tiene emociones respecto a José; lo considera importante, tan importante que Pablo habla de él, junto con los efesios y todos nosotros, como de la 'gloriosa herencia' de Dios.

¿Por qué habría de ser así? ¿Qué es lo que hace que José y el resto de nosotros seamos tan valiosos para Dios? La tesis de Milton, en *El paraíso perdido*, es que Satanás sabía que, debido a lo mucho que Dios se deleitaba en la humanidad, lo que más haría sufrir a Dios sería ver a los seres humanos caer en pecado.

Hay dos razones de ese deleite. Seres únicos en su creación, fuimos creados a la imagen de Dios. De todo lo creado, los seres humanos somos lo más parecido a Dios. Si somos un desecho, somos desechos de algo muy noble.

Pero José es algo más que un noble despojo, porque Dios hizo una inversión más en su persona. Dios envió a su Hijo, nacido de mujer, para restaurar su imagen en José. Y aunque no lo impresione mucho a usted, Dios lo ve de manera totalmente diferente. Dios no atesora galaxias. Él atesora personas, especialmente personas redimidas, rescatadas del pecado al precio de la sangre de su Hijo. José es parte de la 'gloriosa herencia' de Dios; cuando usted ora por él, no está orando por una persona común. Aunque usted quizás no ve otra cosa que un adolescente de hombros bien formados y acné en el rostro, que camina arrastrando los pies, Dios en cambio ve un tesoro incomparable. Recuerde esto cuando ora.

Pero recuerde algo más. También José necesita saber qué siente Dios hacia él. Usted debe suplicar que los ojos de José también se abran a ese hecho. Una vez que él descubra que es infinitamente precioso para Dios, toda su actitud hacia la vida va a cambiar. Se sentirá de otra forma respecto a sí mismo, podrá llevar la cabeza más erguida sin por eso volverse soberbio. Le resultará más fácil entrar en la presencia de Dios. Será tan grande el cambio en él, que usted y sus amigos lo notarán.

El sello de poder

Nuestros destinos parecen siempre decididos en Washington, Ginebra, Pekín, en las oficinas lujosas de las corporaciones multinacionales, o en las salas del club de las elites poderosas. ¿Qué poder tenemos sobre nuestras propias vidas o las de otras personas? La democracia es buena, pero, ¿cómo puede el voto de José cambiar su propio destino o el de cualquier otro?

Pablo pide que los efesios adviertan cuál es el poder que opera en ellos: 'la extraordinaria grandeza del poder' de Dios (Efesios 1.19). ¿Pekín? ¿Washington? ¿Cómo puede compararse el poder de estos centros con la grandeza del poder de Dios? ¿No abarca Dios en la palma de su mano a presidentes, cárteles, y editores de la prensa más poderosa?

> La oración abre nuestros ojos al poder de Dios.

Nuestros ojos necesitan abrirse para ver esta realidad. Hace dos mil años, los ojos de los discípulos se abrieron, cuando el inconmensurable poder de Dios corrió con suavidad la piedra frente a la tumba y levantó al Hijo a la vida resucitada. Ninguna corporación ni gobierno pueden hacer algo así. Y ahora, entronizado por encima de todos los universos, dioses, dominios, demonios, jerarquías y potentados está el Resucitado, Cristo, exaltado por Dios.

Es importante que entendamos que no estamos hablando de teología abstracta, sino de la realidad de todos los días. Todo este poder, este infinito y grandioso poder, está en los creyentes (Efesios 1.19). El problema es que la mayoría de los creyentes no alcanza a darse cuenta. Necesitan que se les abran los ojos, no solo para percibir la esperanza que los aguarda, y el amor de Dios por ellos, sino además el poder que opera en ellos. Tan solo un destello de ese tremendo poder nos transformaría de manera radical. No lo usamos porque no lo percibimos. Y a veces no lo percibimos porque no nos atrevemos a hacerlo.

¿Reconoce ahora la estrategia de la oración de Pablo? La mayoría de nosotros, o nos quedamos enganchados con la palabra 'bendice', o nos enredamos con las trivialidades: la sinusitis de Juanita, la depresión de Bernardo, el problema de María con su suegra, la operación de próstata del pastor. Todas estas cosas pueden ser importantes, pero la oración, como la guerra, requiere una estrategia.

Se dice que Napoleón contemplaba el desarrollo de sus batallas desde una posición ventajosa, y analizaba tranquilamente la situación mientras observaba. Su general en jefe lo miraba. 'Esa granja', le dijo una vez al Mariscal Ney. 'Esa granja allá sobre el risco. Tómala. Captúrala. Retenla. Si logras hacerlo, la batalla será nuestra.'

> **La intercesión tiene que ver con la estrategia de Dios.**

Al orar por los efesios, Pablo era consciente de que si ganaban el lugar clave, toda la batalla estaría ganada, y las escaramuzas menores se resolverían con mayor facilidad. Con frecuencia, los problemas de menor importancia son síntomas de cuestiones más serias. La oración intercesora debe dirigirse a la clave del asunto. Tiene que ver con la estrategia, no con la táctica.

Por eso, si alguien siente que la oración de Pablo es espiritual, y poco práctica, es señal de lo ciegos que él o ella son a lo que la vida es en realidad. La persona que sabe que su verdadero destino es reinar con Cristo, cuyos ojos están abiertos a la esperanza cierta, la persona que es consciente de que es extremadamente valiosa para Dios, que ha comprendido siquiera levemente que el poder del Creador del universo está en su interior… esa persona no necesita orar por pequeños o grandes problemas que encuentra en la vida. Puede manejarlos con facilidad.

Pablo no ha concluido todavía las súplicas estratégicas en favor de los efesios. Retoma su oración en Efesios 3.14, y amplifica el tema del poder, pidiendo que los efesios sean 'fortalecidos con poder en el hombre interior por su Espíritu; que habite Cristo por la fe en vuestros corazones' (versículos 16–17).

El poder en los cristianos no es energía ciega. No se trata de una carga atómica de alta concentración que tenemos bajo nuestro control, sino de una fuerza que nace de nuestra unión con el Señor. Dios Espíritu Santo mora dentro de nosotros. Y siendo que Dios Padre, Hijo y Espíritu Santo son un solo Dios, podemos afirmar que el trino Dios mora en cada uno de nosotros. El poder real nos pertenece. Es infinito, incalculable, inefable. El poder está en José porque la Trinidad está en José.

Sin embargo, parece haber un detalle. Pablo suplica que 'Cristo more en vuestros corazones por la fe.' ¿No mora Cristo allí de cualquier manera? Si José es cristiano, ¿acaso no puede decir, en cualquier momento: 'Cristo, por su Espíritu, vive en mí'? ¿Por qué ora Pablo pidiendo que algo que ya es, se produzca en la realidad?

Ya consideramos en parte este problema. El Dios Omnipotente puede, sin embargo, estar ausente en muchos cristianos. Compárelos con sus amigos y vecinos no cristianos. ¿No es cierto que sus vidas personales niegan ese poder? ¿Qué evidencia de poder sobrenatural encontramos en el común de los cristianos? No mucha. ¿Por qué? Porque el común de los cristianos no cree realmente que Dios está allí. Sus ojos no han sido abiertos. No ejercitan su fe. A los efectos prácticos, es lo mismo que si Cristo estuviera muy lejos en la eternidad infinita.

Ahora bien, no es posible orar pidiendo que otra persona llegue a tomar conciencia del vasto poder potencial que habita en ella, a menos que nosotros seamos conscientes de ese mismo poder en nosotros. Necesitamos que se abran nuestros propios ojos. No podemos quedarnos simplemente esperando que el milagro ocurra; desde el punto de vista práctico, Cristo empezará a habitar en nuestros corazones cuando nosotros empecemos a contar con él.

Él, que ya está allí, estará en todo su poder cuando empecemos a creer en su presencia y a actuar en consecuencia. Y cuando eso ocurra, nuestros amigos pueden dejar a un lado muchas de las oraciones más triviales que hacen por nosotros, y empezar a pedir que seamos 'fortalecidos con poder en el hombre interior por su Espíritu'.

Las manos de amor se extienden hacia nosotros

Pablo tiene una súplica final en favor de los efesios. Ciertamente, ningún pedido de oración podría ser más estratégico que este, ya que el amor es a la vez lo que Dios es, y la máxima realidad en la experiencia cristiana.

Pablo pide varias cosas respecto al amor para sus amigos efesios: pide que sean 'arraigados y cimentados en el amor' (Efesios 3.17); que puedan comprender el amor y su vasta extensión; y que al hacerlo, puedan ser 'llenos de toda la plenitud de Dios' (Efesios 3.18–19). Son pedidos ambiciosos. Hay muy poco más que decir una vez que se ha pedido que alguien sea lleno de toda la plenitud de Dios.

Examinemos más de cerca estas súplicas. Están interrelacionadas, y una lleva a la otra en forma natural. En primer lugar, ¿qué significa estar arraigado y cimentado en el amor? Pablo quiere que el amor sea algo básico en la vida de los efesios. Ahora bien, formulemos la pregunta de una forma más concreta; lo que necesitamos saber es si Pablo se está refiriendo a nuestro amor por los demás o al amor de Dios por nosotros. El tercer ruego de Pablo me indica que estar arraigado y cimentado en el amor significa vivir una vida en la que todos mis pensamientos y todas mis acciones surjan de mi comprensión de cuánto me ama Dios a mí.

Durante muchos años me asustaba sentirme amado. No me molestaba dar amor (o lo que yo creía que era amor), pero me ponía incómodo cuando cualquier persona, hombre, mujer o niño me mostraba demasiado afecto. En mi familia nunca habíamos aprendido a manejar los afectos. No éramos muy hábiles para demostrarlo ni para recibirlo. No estoy queriendo decir que no nos amáramos unos a otros, o que no encontráramos formas de mostrarlo. Lo que ocurre es que éramos demasiado británicos. Cuando yo tenía diecinueve años y estaba por marchar a la guerra, mi padre hizo algo que no tenía precedentes. Puso sus manos sobre mis hombros y me besó. Yo quedé abrumado. No sabía qué hacer ni qué decir. Para mí fue un momento muy incómodo, mientras que para mi padre debe haber sido un momento de mucha tristeza.

Durante años yo reconocía intelectualmente que Cristo me amaba, pero no quería que se acercara demasiado con su amor. Yo quería seguirlo, y estaba dispuesto (creo) a morir por él si era necesario. Yo lo amaba a él. A veces podía expresarle fervientemente mi amor en oración. Pero al mismo tiempo me asustaba que su amor se me acercara demasiado.

Un día tuve una visión, una verdadera visión, en tres dimensiones y llena de colorido. En ese tiempo participaba en un grupo de oración con mis amigos, y era plenamente consciente de mi temor de ser amado. En oración, fui tomando conciencia de que las manos de Cristo se extendían hacia mí, apenas alejadas, un poco más arriba y delante de mí. No las vi aparecer; era como si siempre hubieran estado allí, pero yo nunca les hubiera prestado atención. Observé las marcas de los clavos. Si bien era consciente de que lo que percibía era un fenómeno mental, transpiraba profusamente y temblaba. Las lágrimas me corrían por las mejillas.

> Poco a poco me fui arraigando en el amor de Cristo.

Las manos estaban extendidas como si me invitaran a que las tomara, pero mis brazos permanecían laxos a los lados de mi cuerpo. Con todo mi corazón yo deseaba levantar los brazos, pero no tenía poder para hacerlo. Por debajo de mi temor de ser amado, había un anhelo aun más profundo de ser amado, de saber que era amado, y de recibir amor. La visión, y mi impotencia, simbolizaban mi problema íntimo. Lloré amargamente. 'Oh, Señor, quiero tomar tus manos.' Pero una y otra vez repetía: 'No puedo.' Lentamente la visión fue retrocediendo hacia el fondo de mi mente, y en la quietud que siguió luego sentí una profunda certeza de que la pared defensiva que había construido alrededor de mi ser iba a ser gradualmente desmantelada, y que yo aprendería lo que significaba dejar que el amor de Cristo me envolviera y me llenara.

Y así resultó; mi vida fue cambiando poco a poco, al punto de que ahora, al menos en cierta medida, estoy 'arraigado y cimentado en el amor'. Mi vida está cimentada en el amor, el amor que Cristo tiene por mí. Mis raíces se nutren de ese amor.

No sé con qué recursos el Espíritu Santo le enseña a otros lo que significa estar enraizado y plantado en el amor. Pero lo cierto es que el Cristo que nos ama no lo hace en forma pasiva. De una manera u otra busca alcanzar a cada uno de nosotros con amor. Es más importante la fe que el recibir una visión. Al orar, crea realmente que el Cristo que habita en usted es un Cristo que lo ama, como nunca nadie lo ha hecho ni lo hará jamás. Y cuando ore por su amigo José, ruegue que él también sea 'arraigado y cimentado en el amor', a medida que perciba cuánto lo ama Jesús.

Cuando conocemos ese amor que sobrepasa todo entendimiento, somos transformados. Conocer ese amor implica comprenderlo, al menos en alguna medida. ¿Pero quién puede realmente abrazar un amor tan grande?

La oración del apóstol no es una oración abstracta, fantasiosa. Los efesios deben entender 'con todos los santos' cómo es el amor de Cristo. Todos los cristianos deben captarlo, no para entender un concepto abstracto sino para percibir que ellos mismos son amados con un amor que no tiene límites.

Tengo la sensación de que Pablo, al poner sus pensamientos en palabras, tiene que luchar con conceptos poderosamente explosivos contenidos en recipientes tan frágiles como las palabras. O quizás es consciente de las limitaciones en la comprensión de los efesios, y le resulta difícil tender un puente que cubra el abismo entre la realidad y lo que ellos pueden llegar a percibir de ella. Sin embargo, como mencioné unas líneas más arriba, su oración es tremendamente práctica, y es una súplica para ser contestada. Es la voluntad de Dios que todos los cristianos perciban el amor del que Pablo está hablando, y que abran sus ojos al poder del trino Dios que habita en ellos.

> Conocer
> el amor
> de Dios
> nos transforma.

Si le resulta difícil creer esto, lea el versículo a continuación de la petición de Pablo. Escriba esa declaración en una tarjeta y péguela al respaldo de su cama. Quizás su fe se sienta estimulada cuando lea: 'Aquel que es poderoso para hacer todas las cosas mucho más abundantemente de lo que pedimos o entendemos… '

Jesús

✦ DERRAMA TU ✦
CORAZÓN ANTE DIOS

*E*ntonces llegó Jesús con ellos a un lugar que se
llama Getsemaní, y dijo a sus discípulos:
'Sentaos aquí, entre tanto que voy allí y oro.'
Y tomando a Pedro y a los dos hijos de Zebedeo, comenzó
a entristecerse y a angustiarse en gran manera. Entonces
Jesús les dijo: 'Mi alma está muy triste, hasta la muerte;
quedaos aquí y velad conmigo.' Yendo un poco adelante,
se postró sobre su rostro, orando y diciendo: 'Padre mío,
si es posible, pase de mí esta copa; pero no sea como yo
quiero, sino como tú.' Volvió luego a sus discípulos y
los halló durmiendo, y dijo a Pedro: '¿Así que no habéis
podido velar conmigo una hora? Velad y orad para que no
entréis en tentación; el espíritu a la verdad está dispuesto,
pero la carne es débil.' Otra vez fue y oró por segunda vez,
diciendo: 'Padre mío, si no puede pasar de mí esta copa sin
que yo la beba, hágase tu voluntad.' Volvió otra vez y los
halló durmiendo, porque los ojos de ellos estaban cargados
de sueño. Y dejándolos, se fue de nuevo y oró por tercera
vez, diciendo las mismas palabras. Entonces se acercó
a sus discípulos y les dijo: '¡Dormid ya y descansad!
Ha llegado la hora, y el Hijo del hombre es entregado en
manos de pecadores. ¡Levantaos, vamos! Ved, se acerca el
que me entrega.'

Mateo 26.36–46

Desde la hora sexta hubo tinieblas sobre toda la tierra hasta la hora novena. Cerca de la hora novena, Jesús clamó a gran voz, diciendo: 'Elí, Elí, ¿lama sabactani?' (que significa: 'Dios mío, Dios mío, ¿por qué me has desamparado?').

Mateo 27.45–46

Jesús decía: 'Padre, perdónalos, porque no saben lo que hacen.'
Y repartieron entre sí sus vestidos, echando suertes. El pueblo estaba mirando, y aun los gobernantes se burlaban de él diciendo: 'A otros salvó; sálvese a sí mismo, si este es el Cristo, el escogido de Dios.' Los soldados también se burlaban de él, y se acercaban ofreciéndole vinagre.

Lucas 23.34–36

La última batalla

Caminemos con cuidado, porque estamos pisando tierra santa. En realidad, lo hemos venido haciendo desde el comienzo de este libro, porque no es cosa trivial asomarnos por encima del hombro de quien está orando en presencia de su Creador. Pero al acercarnos al Hijo del Hombre cuando está orando, se nos pide una solemnidad aun mayor.

Propongo que analicemos reverentemente las últimas plegarias que conocemos del Señor Jesucristo. Una es extensa, y fue pronunciada en estado de enorme tensión emocional. Las otras tres, muy breves, fueron dichas en momentos en que a la tensión emocional se agregaba una agonía física extrema.

No pretendo añadir nada a lo que quedó escrito. Sin embargo, me siento poderosamente atraído hacia el lugar donde se pronunciaron esas plegarias, y lo invito a acercarse para contemplar y escuchar junto conmigo. Creo que la invitación viene de Dios mismo más que de mí. Si esas escenas tan solemnes fueron descriptas, y esas palabras tan solemnes fueron registradas, mi conclusión es que todos debemos contemplar y escuchar, nos guste o no hacerlo. Al acercarnos, hagámoslo con el corazón postrado ante Dios.

Profundo anhelo de compañerismo

Estamos observando al Hijo de Dios mientras se dirige a su Padre. Lo que es más importante, estamos contemplando a un hombre, el Hijo del Hombre, acercándose al que es Padre de todos nosotros. Es en su condición de hombre que quisiera que lo observáramos. No podemos identificarnos con su deidad, pero en su humanidad sí estamos unidos a él, como él lo está a nosotros.

La escena en el huerto es muy conocida. Los once discípulos acompañaron a Jesús al Monte de los Olivos, y él les dijo que 'oraran para no entrar en tentación'. Al comparar el relato en los distintos evangelios, vemos que Jesús siguió más adelante, 'a distancia como de un tiro de piedra' (Lucas 22.41), llevando consigo a Pedro, Santiago y Juan, con quienes habló sin que escucharan los demás. Los cuatro se sentaron allí un momento, y en el denso silencio que siguió, los discípulos pudieron presenciar el desasosiego y la angustia de Cristo (Mateo 26.37).

El hecho de que Jesús les pidiera que lo acompañaran, que les dijera que su alma estaba muy turbada 'hasta la muerte', el que les pidiera que se quedaran allí sentados con él, esperándolo mientras se adelantaba unos pasos para orar solo, nos indica la intensa necesidad humana que tenía de estar acompañado y respaldado. En la soledad de sus responsabilidades, los líderes viven momentos en que el anhelo humano de ser comprendidos y respaldados se vuelve inmenso. Si usted es un líder cristiano, aquí encuentra consuelo. El propio Hijo del hombre conoció esa necesidad profunda. Si bien no podía compartir en forma total el enorme peso que había en su corazón, es evidente que buscó apoyo de los tres hombres más cercanos a él. Hay momentos en que nosotros tenemos que hacer lo mismo.

Por supuesto que nosotros nunca seremos abandonados por Dios. Jesús, la noche que fue entregado, estaba en una situación mucho más terrible que la que jamás llegaremos a experimentar nosotros. Enfrentaba la pérdida de la relación que le daba precisamente la fuerza para ser el líder que era. Se acercaba el momento en que la intimidad con el Padre se iba a interrumpir. El cielo quedaría oscuro y silencioso. El Padre le volvería la espalda. Nosotros anhelamos el respaldo humano porque nunca hemos aprendido realmente a descansar en Dios; Jesús anhelaba apoyo humano porque iba a perder el respaldo divino.

Los tres discípulos oyeron algo de la oración de Jesús, porque las palabras claves deben haber sonado en sus oídos como cuando los niños escuchan las conversaciones graves de los adultos. Los niños se sienten oprimidos por la emoción, pero no alcanzan a entender los matices del significado: están más allá de su madurez. Los asuntos que están más allá de nuestra capacidad de respuesta angustian el corazón y confunden la mente. Por la misma razón, los discípulos no pudieron seguir el ritmo que Jesús llevaba en esta batalla de su alma, y el sueño los venció.

La tormenta se calma

Mientras tanto, para Jesús todo se reducía a un solo problema. ¿No había otro camino? ¿No podía encontrarse una alternativa que le evitara la infinita tiniebla que estaba a punto de inundar su alma? Si no la había, estaba dispuesto a seguir adelante. ¡Pero debía haber alguna otra forma!

¡Qué maravilloso que Dios se hiciera hombre! ¡Qué extraordinario que Jesús luchara con un problema con el que nosotros también luchamos! 'Lo haré, Señor, si eso es lo que realmente quieres. Pero no sé cómo voy a poder hacerlo. ¿De verdad es esto lo que quieres que enfrente?'

Alguien podría objetar que no tenemos ningún derecho a comparar nuestros pequeños dilemas con el drama tan profundo de Jesucristo. ¿Por qué no? ¿No se trata, en última instancia, de que él recorrió el camino más difícil adelantándose a nosotros? Seguro que no enfrentaremos nunca un conflicto como este, ni un Getsemaní, ni una oscuridad tan horrenda. Sin embargo, con una mezcla de tristeza y alegría podemos contemplar a Jesús mientras sus discípulos duermen, y reconocer que tenemos un sumo sacerdote que se compadece de nuestra debilidad. Él también vivió una situación así.

> **Jesucristo conoce nuestra necesidad porque la vivió.**

No le fue fácil a Jesús, el Hijo del Hombre, decir: 'No sea como yo quiero, sino como tú' (Mateo 26.39). Estaba postrado sobre su rostro cuando pronunció esas palabras. Manuscritos posteriores agregan lo que los más antiguos omitían: 'Y estando en agonía, oraba más intensamente; y era su sudor como grandes gotas de sangre que caían hasta la tierra' (Lucas 22.24). Las palabras son las apropiadas para la intensidad del dolor. Enfrentar la muerte y la separación de Dios, a causa del pecado, era algo que contrariaba el instinto humano de supervivencia y el anhelo espiritual implantado por Dios en sus criaturas. Cuerpo y alma se desgarraban, resistiéndose, y, con el alma agobiada por la tortura, Jesús clamó, desnudando su voluntad: 'No sea como yo quiero, sino como tú.'

Jesús pronunció estas palabras por fe. Sabía por fe, aunque no pudiera sentirlo, que el Padre era justo, omnipotente, y fiel. Pero Jesús era tan humano como divino, y su corporalidad se resistía a todo lo que debía sufrir.

Después de una hora, más o menos, debe haber sentido algo de paz. Estaba decidido a enfrentar la muerte si era necesario. Con el pecho dolorido por la aspereza del suelo, se levantó, entumecido, y volvió hasta sus discípulos, que dormían. Podemos ver cómo había aumentado su fortaleza, porque ahora él puede ayudarlos en su debilidad; está suficientemente libre de sus propias preocupaciones como para poder verlos como siempre los veía, débiles y necesitados de consejo.

La historia que sigue es bien conocida. Dos veces más retornó a luchar en oración con el problema que tenía por delante. ¿Por qué?

Evidentemente, las tormentas que tenía en su interior no se abatieron de una sola vez. Irrumpieron otra vez, amenazando furiosamente arrasar con la decisión que había tomado. ¿No es acaso esa nuestra experiencia también? Cuando Dios nos llama a emprender un camino contra el que nuestra naturaleza se rebela, quizás sepamos, desde un comienzo, que el camino dispuesto por él es el correcto. Pero las tormentas no se calman simplemente porque el timonel decide mantener el curso. Ni deja el capitán de verificar el rumbo, mientras las olas rompen contra el barco y cubren la borda.

¿Ha tenido que luchar alguna vez para mantener la proa de una embarcación contra el viento? Yo sí he tenido que hacerlo. A veces lucho con toda mi voluntad y mis fuerzas contra viento y marea. Cuando las velas crujen con furia y las telas y las cañas del timón tironean con fuerza como si quisieran escapar de mis manos, me encuentro preguntando una y otra vez: '¿No hay otra manera de hacer esto?' Pero el hecho es que a veces no la hay. Y debo aferrarme con firmeza al curso que llevo, no importa cuánto amenace la tormenta.

No se desanime cuando, en las peores tormentas de la vida, el viento y las olas sigan castigando, mucho después de que usted ya haya dicho: '¡No como yo quiero, sino como tú, Señor!' La tormenta no durará para siempre. Pero tampoco la verá ceder en el instante que usted fije su rumbo.

En el caso de Jesús, la tormenta interior finalmente se calmó. Con el alma aquietada y una firme decisión, despertó a su pequeña compañía, mientras las antorchas de sus captores titilaban en la falda del cerro. De pie junto a sus adormilados discípulos, esperó con total serenidad todo lo que se venía.

Padre, perdónalos

Los soldados ya habían atravesado sus muñecas y los tobillos con largos clavos. De un golpe, habían dejado caer el madero donde colgaba su cuerpo, débil y deshidratado, en un pozo preparado de antemano. Los insensibles verdugos ya estaban echando suertes para repartirse su ropa.

En ese momento, nos conmueve la total falta de egoísmo en su oración: 'Padre, perdónalos...' Sabemos que cuando estamos sufriendo físicamente, nos volvemos más centrados en nosotros mismos; buscamos compasión de manera sutil, y a veces ni siquiera sutil. De igual modo, cuando estamos frente a una injusticia o una falta de consideración de parte de nuestros compañeros, nos concentramos en la forma en que hemos sido tratados. El resentimiento, la ira, la amargura, la autocompasión son algunos de los sentimientos que pugnan por ocupar el centro de nuestra atención. Nos arropamos en nuestro sufrimiento, nuestra miseria, nuestra amargura.

En cambio, aquí vemos a alguien cuya capacidad para despojarse de tales sentimientos nos llena de asombro. El sufrimiento físico era, por sí mismo, enorme. Lo habían azotado con correas cargadas de plomo, hasta lacerar la piel y la carne; después perdió el líquido y las sales del cuerpo, sudando bajo el sol ardiente. Ahora Jesús entraba en las horas de agonía final, en un estado de extrema debilidad y dolor.

La tortura peculiar de la crucifixión reside en la sádica alternativa que plantea. Permanecer colgado hora tras hora con los brazos extendidos, produce calambres en los músculos del pecho, del abdomen y del diafragma. La respiración se torna dificultosa y amenaza la sofocación. Pero para llenar los pulmones de aire hay que levantar el cuerpo cargando el peso en los clavos de los tobillos, y hacer un esfuerzo enorme por elevarse una vez más. Cuando el dolor se torna insoportable, el cuerpo se deja caer nuevamente, preso de los calambres y la asfixia.

La agonía física quizás satura la sensibilidad de algunas personas. Pero si el crucificado es más resistente, entonces toma conciencia del mórbido interés de la multitud, de las mofas, y peor aún, del insensible reparto de sus escasas pertenencias: la túnica, las sandalias que lo conectan con el mundo de los vivos, y que ahora simbolizan su alejamiento.

No cabe duda de que un hombre que deja a un lado la preocupación por sí mismo y la concentración en el intenso dolor físico; que renuncia a la tendencia a la ira, al resentimiento, al odio, a la autoconmiseración, y lo hace al punto de interesarse, comprender y hasta perdonar a los que lo atormentan, es un hombre que merece nuestra máxima admiración. Cuando vemos a Jesucristo clamar a Dios en semejantes circunstancias, por encima de todo lo que podría abrumarlo, y suplicar: 'Padre, perdónalos, porque no saben lo que hacen', quedamos colmados de admiración.

Él nos llama a que lo sigamos, es decir, que lo imitemos en su admirable capacidad de ignorar sus propias urgencias físicas y emocionales, para preocuparse, en cambio, por los demás. El sendero no es en absoluto atractivo; por el contrario, es sumamente escarpado, pero vale la pena. No podemos trepar por él sin ayuda divina.

En medio del dolor personal, Jesús se ocupó de los demás.

Usted me dirá: 'Pero mis necesidades físicas y emocionales deben ser satisfechas de alguna forma.' Por cierto que sí. Sin embargo, si se encuentra abrumado por la tristeza, hay dos tipos de ayuda que puede recibir. La reacción de algunas personas a su tristeza lo dejará sumergido en la pena de sí mismo; usted seguirá vencido, con los brazos pendiendo a los lados del cuerpo y la mirada perdida en el horizonte. Su amigo será solícito, demasiado solícito. Pero lo único que logrará será ahondar su actitud hacia la pena, magnificando sutilmente su derecho a sentirse miserable. Juntos habrán entonado el lastimero dúo: 'Yo lloraré por ti… tú suspirarás por mí.' En cambio otro, en lugar de alimentar su tristeza responderá con simpatía; al irse, usted quedará renovado y fortalecido. Se sentirá satisfecho. Usted sabrá que lo han comprendido, que se han interesado por usted, y ya estará libre para olvidar sus penas.

La ayuda que nos ofrece Dios es de este segundo tipo. Nos brinda una simpatía que nos fortalece, nos refresca y nos renueva. Debo enfatizar nuevamente que ningún sufrimiento que usted o yo pudiéramos experimentar llegan a compararse jamás con los sufrimientos de Cristo. Pero no es mi intención hacer una comparación. Estamos llamados a contemplar e imitar a aquel que se interesó por los demás cuando él mismo estaba sufriendo. Siempre recibiremos gracia si queremos conducirnos así.

Pero hay una lección aun más profunda en esta plegaria de perdón. Cristo nos muestra algo más que su capacidad por trascender el sufrimiento y ocuparse de otros. Ya había mostrado ese interés generoso al expresar su preocupación por el bienestar de su madre María (Juan 19. 25–26). Pero su actitud va más lejos; Jesús pide a Dios que perdone a aquellos que le están haciendo daño. Y nos pide que lo imitemos en este camino del perdón.

¿Se da cuenta de que estamos tratando con una oración en la que se implora el perdón para otros? Es un tipo de oración que rara vez utilizamos. ¿Se siente usted molesto con alguien? Poco importa si le han hecho daño a usted, o si el pecado que han cometido afecta a algún otro. Si el daño se lo han hecho a usted, seguramente su enojo estará mezclado con resentimiento. Quizás el centro de la batalla está precisamente allí: en sus sentimientos de ira y de resentimiento.

Supongamos que usted es un cristiano relativamente 'maduro'. Usted sabe, perfectamente, que debe perdonar. Pero se encuentra constantemente luchando contra el resentimiento. Todo se empeora porque la persona con la que usted está molesta se niega (o es incapaz) de modificar su conducta. Vez tras vez comete los mismos errores, y le pisa nuevamente el mismo callo dolorido.

Deje de aferrarse a sus sentimientos. Lleve el asunto a un nivel totalmente superior. Vaya al Padre y pídale que él perdone. 'Señor, perdona a Juan. Me has perdonado a mí, y has perdonado a otros que han hecho cosas más graves que Juan. Perdónalo, Padre. Probablemente no se da cuenta de lo que hace.'

Estoy hablando muy en serio, y usted debe hacerlo también. Dios lo tomará en serio cuando usted ore por el perdón de otro. La capacidad para orar de esa forma hace de usted un sacerdote. Usted debe seguir las pisadas de Jesús, nuestro sumo sacerdote, y suplicar misericordia de Dios hacia quien la necesita. Al hacerlo ascenderá del nivel de perdón que solo atañe a las relaciones horizontales, entre usted y su par; subirá hacia un nivel más alto, pidiendo el perdón por el pecado de la única Fuente que realmente puede proveerlo.

> **Dios nos pide que lo imitemos en el camino del perdón.**

Si lo hace, los resultados pueden llegar a sorprenderlo. Seguramente habrá cambios en su propia actitud y en el comportamiento de su amigo, porque usted no ha estado jugando con las palabras; habrá ejercido una función sacerdotal válida, que se recuperó en tiempos de la Reforma Protestante pero que, desde hace tiempo, solo se mantiene como una fórmula verbal.

¿Qué le impide empezar? ¿Piensa que le estoy pidiendo demasiado? No soy yo quien se lo pide. Contemple, si puede, el cuerpo de ese hombre levantado en el patíbulo, mientras reparten sus ropas. No es piedad hueca la que brota de sus labios. Sabe exactamente qué es lo que está pidiendo, y lo pide porque realmente quiere que Dios otorgue su perdón a esos hombres. Él es quien le pide que lo siga, de esa manera, en este camino.

Jesús, desamparado

Nunca brotó de labios humanos una plegaria más dramática: 'Dios mío, Dios mío, ¿por qué me has desamparado?' Las palabras resuenan gélidas en nuestras mentes, y nos conmueven tanto por la persona que las pronunció, como por el significado que encierran.

Todos tememos ser abandonados. Ningún abandono podría ser peor que el abandono de Dios. Esa es la soledad absoluta. Es experimentar la muerte y el infierno.

Aquel que exclamó esas palabras nunca debió haber sido abandonado. Es horrendo e impensable que eso pudiera ocurrir. Pero nos horrorizamos, en parte, porque sabemos que esa incongruencia saca a la luz nuestra propia culpabilidad. Esta tragedia cósmica fue ocasionada por nosotros, y nos sentimos abrumados al ver el daño que somos capaces de producir.

Pero controlemos el terror. Lo que parece ser una tragedia, es en realidad el nacimiento de algo nuevo. Ese daño que no podemos controlar es, paradójicamente, la obra del Dios Justo y Todopoderoso que restaura el orden y la paz. El proceso puede parecernos terrible, pero es bueno y solo producirá bien.

No nos quedemos contemplando lo que no cabe en palabras, sino aquello que sí fue expresado: 'Dios mío... ¿por qué?' Jesús tenía derecho a usar esa expresión. Nunca nos atreveríamos a cuestionar que Cristo pudiera orar de esa manera en tales circunstancias. Las palabras pueden parecer terribles, pero son apropiadas. Sin embargo, cuando usted o yo oramos: 'Dios mío... ¿por qué?', siempre hay quienes se levantan de inmediato para reprocharnos. 'No se debe cuestionar a Dios.'

Dije al comienzo del capítulo que estábamos por pisar tierra santa. Cualquier comparación entre nuestras propias angustias y la tremenda angustia de Cristo parece presuntuosa y de mal gusto. Pero la esencia del asunto no reside en las cantidades relativas de dolor (sería odioso hacer una comparación así), ni en su cualidad (nuestro sufrimiento no incluye ningún elemento redentor). Más bien reside en el hecho de que estamos llamados a seguir a Cristo, que el siervo no es más que su Señor, y que el mismo tipo de dilema que enfrentó el Señor tendrán que enfrentarlo también sus seguidores.

Si me propusiera ser absolutamente lógico, podría señalar que Jesús ya sabía la respuesta a su angustiado clamor. Él sabía por qué. Lo había sabido durante todo su ministerio terrenal. Lo había advertido con espantosa claridad en el Monte de los Olivos. Su pregunta no es un reclamo por claridad intelectual, sino la expresión de una agonía que abruma el entendimiento.

Ninguno de nosotros enfrentará jamás lo que enfrentó nuestro Señor. Pero quizás nos encontremos clamando '¿Por qué?', aun cuando también sepamos la respuesta a nuestro interrogante. Clamamos así porque nuestra naturaleza protesta en contra de lo que nos sucede. Entendemos pero no entendemos, de la misma forma que una persona que no sabe nadar 'entiende' que su cuerpo es más liviano que el agua, solo hasta el momento en que cae en un lago. De la misma forma, mientras el agua se arremolina alrededor de nuestra alma luchamos con desesperación, pero todo el conocimiento que pudiéramos tener nos parece insuficiente para impedir que nos ahoguemos.

Es mucho mejor clamar: '¿Por qué?', que no clamar en absoluto. Es mejor protestar en medio de la desesperación, que maldecir a Dios y morirnos. Implícita en la pregunta: '¿Por qué?' está la creencia de que existe Alguien que puede escuchar y responder. Nuestra angustia misma nace de la fe; una fe titubeante quizás, pero fe al fin. Una vez que perdemos toda esperanza de que algún oído nos pueda oír, o un corazón nos pueda entender, la desesperación se vuelve total. La angustia deja paso a un estado de total silencio, y solo esperamos el desenlace fatal.

Cristo hace una pregunta específica. No pregunta: '¿Por qué estoy sufriendo?' sino '¿Por qué me has abandonado?' ¿Por qué has cerrado los oídos y los ojos? ¿Por qué no te conmueve mi situación? ¿Por qué me desechas? ¿Por qué el silencio y la oscuridad?

Si hay algo de lo que Jesús, como hombre, podía estar seguro en su relación con el Padre, era la confiabilidad del Padre. Quienes pertenecían a Dios nunca serían abandonados. Jesús se había entregado a los riesgos y a la humillación de nacer como un bebé, enfrentar el hambre, el sufrimiento, la persecución, la incomprensión, la debilidad física y el ataque demoníaco, porque sabía que podía confiar en que su Padre nunca lo abandonaría. Su fe en el Padre no tenía titubeos; su comunión con él era total y constante.

> Dios siempre escucha nuestro clamor en la desesperación.

Pero ahora, de pronto, pierde esa seguridad. La comunión desaparece. Se encuentra en total oscuridad. Lo imposible ha sucedido. El Padre realmente lo ha abandonado, y ese abandono es absoluto. Es inútil que le pida que lo libere, porque el Padre no le prestará atención. Un Padre al que el Hijo del Hombre nunca había conocido acaba de surgir a la realidad. Jesús encuentra hostilidad en lugar de aceptación, fría ira en lugar de ternura, odio implacable en lugar de amor.

Dios blandió su espada
Oh, Cristo, ¿la descargó en ti?
Tu sangre deberá apaciguar el filo fulgurante
Y en tu corazón se enterrará la hoja,
Todo por mi bien, por darme paz…
La espada no descargará en mí.[1]

No estamos tratando aquí con teología sino con la experiencia, y en particular con lo que Jesús experimentó como hombre. Otros pueden explicar cuáles fueron las razones por las que pasó esa experiencia. El hecho es que la vivió. Y por el horror de esa experiencia, exclamó: 'Dios mío, Dios mío, ¿por qué me has desamparado?'

Usted, por razones totalmente diferentes, puede llegar a sentir alguna vez que está pasando por una experiencia muy similar. Un antiguo escritor lo expresó de manera muy elocuente, cuando dijo:

Yo soy el hombre que ha visto aflicción bajo el látigo de su enojo. Me guió y me llevó en tinieblas, y no en luz; ciertamente contra mí volvió y revolvió su mano todo el día.

Hizo envejecer mi carne y mi piel; quebrantó mis huesos; edificó baluartes contra mí, y me rodeó de amargura y de trabajo. Me dejó en oscuridad, como los ya muertos de mucho tiempo.

Me cercó por todos lados, y no puedo salir; ha hecho más pesadas mis cadenas; aun cuando clamé y dí voces,

cerró los oídos a mi oración; cercó mis caminos con pie-
dra labrada, torció mis senderos.

Fue para mí como oso que acecha, como león en es-
condrijos; torció mis caminos, y me despedazó;
me dejó desolado. Entesó su arco, y me puso como
blanco para la saeta.

Hizo entrar en mis entrañas las saetas de su aljaba.
Fui escarnio a todo mi pueblo, burla de ellos todos los
días; me llenó de amarguras, me embriagó de ajenjos.

Mis dientes quebró con cascajo, me cubrió de ceniza;
y mi alma se alejó de la paz, me olvidé del bien, y dije:
Perecieron mis fuerzas, y mi esperanza en Jehová.

Lamentaciones 3.1–18

Si usted llegara a vivir una experiencia así, hay varias cosas que debe tener en mente. No es incorrecto clamar a Dios en medio de la perplejidad. Él escuchó a Job, a Jeremías, y lo escuchará también a usted. Quizás la oscuridad no desaparezca de inmediato, pero es natural clamar, y es lo apropiado. Él espera, con ternura y paciencia, que usted clame: 'Dios mío, ¿dónde estás?' Entonces sabe qué es lo que usted aún espera de él.

Pero lo más importante que debe llegar a comprender es que usted no es el primero que recorre ese valle oscuro; no es el primero que se siente solo, alienado de Dios. Jesús ya recorrió esa senda antes que usted. El valle tiene salida. Después del Calvario, se desgarró todo lo que ocultaba a Dios, al abrirse la tumba y ascender Jesús a la gloria. La gloria que se va a revelar en usted, brillará tanto más en contraste con la oscuridad de la que emerge.

La última oración

Jesús salió de las tinieblas antes de morir. No tuvo que esperar que se abriera la tumba, ni tuvo que esperar a tener un cuerpo resucitado. El rostro de su Padre se le brindó, lleno de amor, de este lado de la tumba. Quizás las tinieblas cubrían todavía la tierra. La ruptura del velo del templo pudo haber intimidado a cualquiera que lo presenció. Pero para Jesús, la batalla ya había terminado.

De pronto, los síntomas de debilidad desaparecieron de su cuerpo. Venció el dolor, el sufrimiento terminó, y la angustia desapareció. A través del valle en tinieblas, y por sobre las cabezas de la multitud que lo observaba, su voz resonó poderosa y llena de gozo triunfal: '¡Padre, en tus manos encomiendo mi espíritu!' Y así murió.

Sus palabras han tomado todo el carácter de una leyenda. No quiero decir que no hayan sido pronunciadas, porque sí lo fueron; realmente brotaron de sus pulmones con un grito de victoria. Pero hemos llegado a darles el tratamiento de una leyenda. Las reconocemos en la letra de una cantata de Bach, con su solemne majestuosidad, apropiadas y hermosas, pero totalmente alejadas de nuestra realidad cotidiana. Las tratamos como una obra maestra de arte religioso.

Aumentamos aun más la distancia que nos separa de la plegaria de Jesús cuando hacemos comentarios absurdos sobre ella. Jesús, decimos, tenía el poder de entregar su espíritu; nosotros no lo tenemos. Por lo tanto, es una oración propia de Jesús, que no tiene ninguna relación con nuestras vidas. Es adecuada para un Viernes Santo, de rostros apesadumbrados y música solemne.

Todavía hoy, las personas que viven en pueblos primitivos, perciben anticipadamente el día y la hora de su muerte. Muchos de nosotros, aunque no sepamos el momento preciso, sabemos cuándo el proceso de la muerte se ha instalado en nosotros. Los patriarcas sabían bien cuándo iban a morir. Por eso, la oración de Jesús no debe considerarse como algo pertinente a su obra redentora. Nos estaba mostrando cómo morir. Estaba muriendo de la manera apropiada, muriendo la muerte de un creyente, pronunciando la oración final de la manera en que debe ser pronunciada.

¿Les parece fuera de lugar que me proponga enseñarles cómo morir? ¿No será que estoy exagerando? ¿No es acaso el cristianismo algo para vivir? Sin embargo, la muerte es parte de la vida; por lo tanto, una muerte cristiana es tan importante como una vida cristiana. Los estantes de las librerías cristianas están cargados de libros que nos enseñan cómo vivir una vida cristiana, pero le apuesto que tendrá que andar mucho para encontrar alguno que le diga cómo morir una muerte cristiana. ¿No quiere pensar en la muerte? ¿Por qué no? ¿Es la muerte algo que el cristiano debe evitar o temer?

Seguramente debemos orar para evitar una muerte anticipada. La muerte que llega antes de tiempo es una tragedia. A pesar de ello, el hombre o la mujer que viven para Dios no necesitan temer esa muerte anticipada. Dicho en otras palabras, el creyente es inmortal hasta que ha completado su obra.

El verdadero problema respecto a nuestra actitud hacia la muerte es que nos concentramos en lo que va a ocurrir, en lugar de concentrarnos en lo que deberíamos estar haciendo. Nos sentimos presa del temor porque nuestra mirada está orientada en la dirección equivocada. Miramos lo que no podemos controlar en lugar de mirar lo que sí podemos controlar.

Tanto en los mitos como en las caricaturas, la siniestra 'Mujer de la guadaña' llega a buscarnos a la hora señalada. Temblamos y nos encogemos de miedo. Nos aferramos con pánico hasta el último segundo, a pesar de que sabemos claramente que no podemos resistirnos al Segador. Nos quedamos rígidos de espanto y el corazón se detiene de puro miedo.

> **Padre, en tus manos encomiendo mi espíritu.**

En cualquier circunstancia, cuando uno sabe lo que tiene que hacer, las cosas resultan muy distintas. Tener un plan, haber sido entrenados para actuar, cambia totalmente nuestra perspectiva. El pánico y el miedo, en cambio, producen inmovilidad.

Cuando niño, escuché por primera vez las sirenas antiaéreas y no me asusté, porque ya sabía exactamente qué tenía que hacer. Me levanté, me vestí (con saco y corbata), desperté al resto de la familia y me reuní con ellos en el refugio. Una vez allí, cada uno de nosotros tenía su tarea asignada, y detalles para recordar. Yo no tengo una dosis especial de coraje. Podía controlar el temor en alguna medida, porque sabía cómo se esperaba que me comportara. Dejaba de ser una víctima pasiva e impotente, para transformarme en el participante activo de un plan.

Como cristiano, usted no tiene por qué ser la víctima pusilánime y pasiva de la muerte. Su actitud debe ser la de Cristo, y la esencia de su actitud la encontramos en su oración final. Si le tocara desaparecer en medio de un holocausto atómico, no tendría tiempo para actuar ni adoptar determinada actitud. Pero es mucho más probable que le toque enfrentar la muerte con los ojos abiertos. ¿Qué hará entonces? ¿Qué actitud va a asumir?

Debemos concentrarnos en la clave del asunto, en lo que Cristo oró y cómo oró. 'En tus manos encomiendo mi espíritu.' Es una plegaria de fe. Jesús no dijo: 'Espero que, en lo posible, mi alma llegue a ti.' Hizo una declaración de fe clara y firme. De hecho, más que una declaración era una consagración.

La muerte involucra una elección. Por cierto no podemos elegir morir o no, pero podemos elegir cómo lo hacemos. Podemos optar entre testificar con gozo de nuestra fe en Cristo o dejarnos arrastrar a desgano fuera de la escena.

En la vida estamos, efectivamente, en un escenario. Tenemos espectadores humanos y espirituales. Ángeles y demonios observan cómo hacemos nuestro papel durante la existencia terrenal, y es importante que concluyamos adecuadamente nuestra actuación. Una apertura brillante puede quedar estropeada por un pobre final. Cristo nos ha mostrado cómo expresar las últimas líneas, con un gozoso grito de triunfo. '¡Padre, en tus manos encomiendo mi espíritu!' Usted morirá una sola vez, y por lo tanto tendrá una sola oportunidad de hacerlo adecuadamente.

> Seremos criaturas nuevas, siempre corpóreas.

Para la mayoría de nosotros no habrá ensayo. Aprenda su libreto bien, de antemano, para que las cortinas caigan sobre un final glorioso.

Quizás usted se pregunta cómo es que Cristo no dijo: 'Padre, en tus manos encomiendo mi cuerpo.' Había vivido, sufrido, y sido atormentado en el cuerpo. Era su cuerpo el que quedaba atrás, y las Escrituras dejan claro que su cuerpo era mucho más que el simple ropaje desechable de su espíritu. Cuando hablamos de su cuerpo no nos estamos refiriendo a algo similar a la crisálida que la mariposa abandona cuando echa a volar. Estamos tratando, en cambio, con un cuerpo cuya descomposición iba a empezar, tarde o temprano, si no se hubiera detenido el proceso con la resurrección. ¿Por qué estaba Jesús preocupado por su espíritu más que por su cuerpo?

No somos nuestro cuerpo. Tenemos un cuerpo. Está claro en las Escrituras que siempre, aquí o en el más allá, seremos criaturas corpóreas. Nuestro cuerpo, como el de Cristo, será transformado y renovado para que a lo largo de la eternidad, cuerpo y espíritu estén en armonía. Cada uno de nosotros será una nueva criatura, pero siempre humana.

Pero a los que estamos vivos, nos resulta extraño que la persona que está muriendo se preocupe más por su espíritu que por su cuerpo. Algunos de nosotros tenemos una morbosa preocupación por el desagradable proceso de descomposición o por el horrendo achicharramiento de la posesión más íntima que tenemos. ¿Cómo van a reunirse nuevamente las moléculas? ¿Cómo se puede detener el proceso de deterioro? ¿Cómo se puede revertirlo y transformarlo?

¿No es en este terreno que se concentran la mayoría de nuestras dudas y temores actuales? No importa cuál sea nuestra convicción intelectual, lo cierto es que la única vida que conocemos es la que experimentamos en este cuerpo. Y si los gusanos se van a comer nuestro cuerpo, ¿qué será de nosotros? Nos debatimos, incómodos, tratando de sofocar el temor de que la muerte nos triture, retrayéndonos al universo material.

En cambio, en el momento de morir puede aparecer un nuevo temor. De pronto el ser humano se torna consciente de que, en un instante más, no habrá nada que envuelva su espíritu. Totalmente desnudo, el espíritu tendrá que enfrentar las gélidas ráfagas de la eternidad, sin cuerpo alguno que lo proteja. Un hombre al que le arrebatan las ropas no piensa si tendrá la suerte de recuperar su saco, sino en cómo puede enfrentar la vida despojado de esa forma. Es su desnudez lo que lo desconcierta.

> *¿Cómo podré yo, nacido en oscuridad,*
> *de mente confusa y débil,*
> *presentarme ante el Inefable*
> *y soportar sobre mi ser desnudo*
> *el rayo de su eterna Luz?*[2]

A la luz de estos temores, las palabras de Jesús adquieren sentido. Es sólo en su espíritu que arremeterá contra las puertas del infierno para declarar su triunfo sobre la muerte y el pecado. El espíritu y el cuerpo están por separarse temporalmente; lo difícil es que el espíritu personal del hombre Jesús será despojado de su cuerpo. (Jesús no era meramente Dios metido en un cuerpo humano. A pesar de seguir siendo Dios, se hizo hombre, y adoptó no solo la apariencia externa de los seres humanos, sino su naturaleza también.)

Cuando a usted le toque encarar la muerte, es esto lo que enfrentará; no la disolución de su cuerpo, sino el hecho de que su espíritu sea despojado temporalmente del cuerpo, para que éste sea reparado y renovado.

No tenga miedo de esa desnudez. El Dios que sopló en sus narices aliento de vida, que lo redimió y se propone revestirlo de inmortalidad, estará allí para recibirlo personalmente entre bastidores. Caerá la cortina y el ropaje corporal le será provisoriamente retirado; pero usted puede caminar confiadamente hacia su Creador y Redentor, y decirle triunfante: 'Aquí está mi espíritu. Tómalo, te pertenece. Vístelo nuevamente cuando sea el momento. Lo traigo gozosamente a tus brazos.'

John Donne fue poeta, filósofo y decano de la catedral de St. Paul, en Londres. Algunas de sus expresiones siguen vigentes en nuestra conversación cotidiana, tales como 'Por quién doblan las campanas' o 'Ningún hombre es una isla'. Pero Donne es más conocido por su extraordinario valor para enfrentar la muerte. Poco antes de morir, se levantó de la cama para predicar su último sermón en St. Paul, que todos consideraron su propio sermón funeral, titulado 'El desafío de la muerte'. Eligió el pasaje del Salmo 68.20: 'Dios, nuestro Dios ha de salvarnos, y de Jehová el Señor es el librar de la muerte.' Regresó a la cama, compuso el siguiente himno, y después murió:

Al entrar en tu sagrado aposento
donde seré hecho parte de tu música
con el coro de los santos, para siempre,
quiero afinar mi instrumento en el umbral,
y pensar aquí lo que habré de hacer allá.
Mis médicos, llenos de amor,
se han vuelto cosmógrafos,
inclinados sobre el mapa de mi cuerpo
que yace laxo sobre esta cama …
Envuélveme, Señor, en tu manto púrpura,

y por las espinas de tu cruz
dame también tu otra corona.
Tal como prediqué tu palabra a los demás,
que el mensaje a mi propia alma sea, ahora:
'Para que Cristo resucite,
por eso Dios derriba.' [3]

Su biógrafo, Izaak Walton, escribe: 'En la última hora de su último día … habiendo recibido, estoy seguro, una revelación beatífica, dijo: Me sentiría miserable si no muriera. Y después de esas palabras, acompañó su débil respiración repitiendo muchas veces: Venga tu reino, hágase tu voluntad. Después de ver el cielo en esa revelación luminosa… cerró sus propios ojos, y dispuso sus manos y cuerpo en tal postura que no requirió cambio alguno de los que luego vinieron a amortajarlo'[4]

La obra está en escena desde hace mucho tiempo. Usted es el sucesor de una distinguida estirpe de actores. El Padre lo espera detrás del telón, con todo el elenco. Por lo tanto, deje que las palabras broten con fuerza para que lleguen a todos los rincones del teatro: 'Padre, en tus manos encomiendo mi espíritu.' Será su última plegaria sobre la tierra.

Serán sus últimas palabras del Acto Primero.

Notas

[1] Anne Ross Cousion, *O Christ what burdens bowed thy head* (Oh, Cristo, qué cargas vencían tu cabeza).

[2] T. Binny, *Eternal Light! Eternal Light!* (¡Luz eterna! ¡Luz eterna!).

[3] John Donne, *Devotions* (Devociones), Ann Arbor, Michigan, University of Michigan Press, 1959, p. XXXIII.

[4] *Ibid.*, pp. XXXIII, XLVIII.

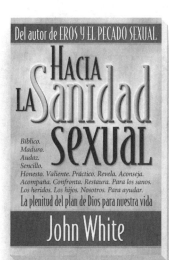

**Un mensaje
imprescindible
para estos tiempos.**

**Disfruta de
una relación de
intimidad con Dios.**

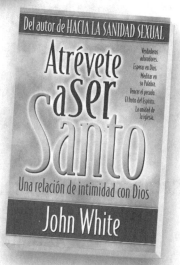

Tu familia puede recibir la sanidad de Dios.

Sanidad en las relaciones familiares

Perdonar, reconciliarse, cortar los males generacionales, bendecir y ser bendecidos

Elba Somoza

CONTIENE GUÍAS DE ORACIÓN Y DE RESTAURACIÓN

Recupera tu bendición original

DIOS QUIERE SANARTE de las heridas de la vida

Elba Somoza

Puedes recuperar lo perdido y así disfrutar una vida plena.

CertezaArgentina

Esta edición se terminó de imprimir
en Editorial Buena Semilla,
Carrera 28 a, n° 64 A-34, Bogotá, Colombia,
en el mes de febrero de 2009.